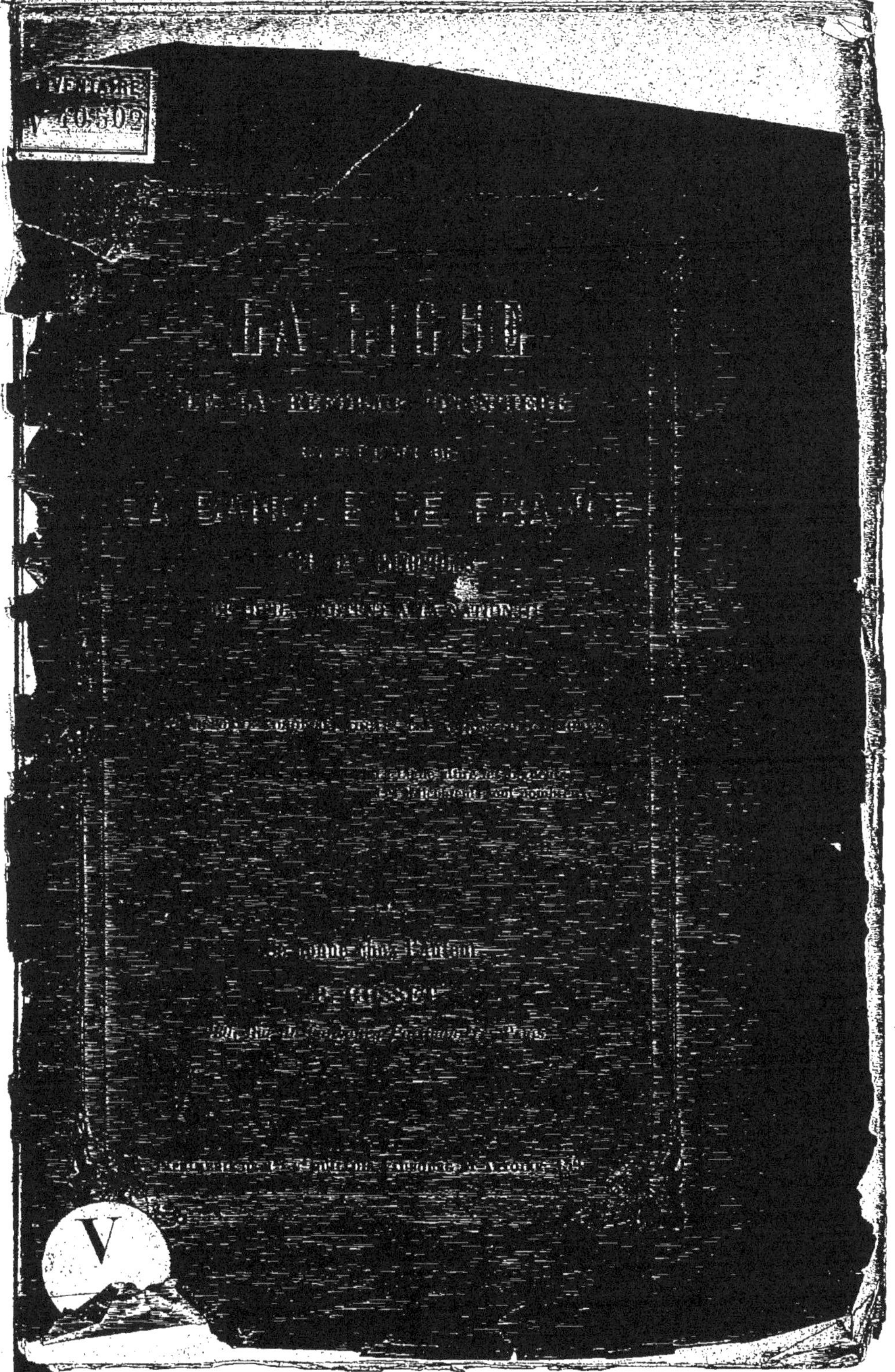

LA LIGUE

DE LA RÉFORME FINANCIÈRE

EN PRÉSENCE DE

LA BANQUE DE FRANCE

AVEC SES MONOPOLES

CE QU'ILS COUTENT A LA NATION!!!

CETTE RÉFORME CONQUISE, TOUTES LES AUTRES SONT ASSURÉES.

La Ligue attire les Ligueurs;
Les Malcontents sont nombreux.

Sentiment et but de la Ligue.

Notre pensée est simple et élevée...

La ligue que nous formons est bien la *ligue sainte*... Elle s'appuie sur ce qui est le plus naturel, équitable et moral ; — Elle conduit à la PROSPÉRITÉ PUBLIQUE.

Notre but est de faire triompher les principes exacts, le droit commun que nous mettons à la place de l'abus de l'arbitraire — de ce qui comprime et entrave au lieu d'aider et de développer. On affaiblit et nous voulons fortifier; nous voulons marcher, avancer, et non rétrograder.

Nous sommes de notre époque et nous demandons pour elle une institution de *banque nationale* à elle inhérente.

Le premier empire a bien compris cette grande affaire, mais ce qui était bien est devenu insuffisant, défectueux, dangereux.

Le second empire nous doit davantage et mieux. — Il ne semble pas que cela soit compris. - Notre devoir est de l'éclairer, de l'avertir.

Nous observons, nous suivons le mouvement des idées, des

aspirations, nous tenons compte des besoins réels. – Nous voyons avec bonheur que tout cela tend vers ce qu'il y a de plus raisonnable, de plus désirable, à *savoir :* l'association par les intelligences, les forces, le groupement des moyens, des ressources ; la mutualité, la solidarité, la collectivité. — Nous applaudissons à ces inspirations de l'esprit et du cœur, et nous voulons leur venir puissamment en aide.

Nous ne saurions trop appeler l'attention sur ces bonnes dispositions, car elles nous présagent un avenir calme et prospère.

Nous sommes heureux de voir la liberté se développer et s'étendre à tout... mais nous la croyons redoutable désorganisatrice en ce sujet qui nous occupe, LE CRÉDIT, ce qu'il demande, c'est une conception libérale réglée, déterminée, protectrice de toutes les libertés.

C'est par le travail que l'homme s'élève, s'honore et s'ennoblit, mais il faut au travail une initiative, une répartition équitable relative du capital, du crédit, de la confiance. Jusqu'ici le travail a été tenu isolé, exploité par l'égoïsme, abandonné à la routine.

L'immortel Béranger a dit avec naïveté et précision :
« Dieu sait bien ce qu'il fait, par lui tout est bien fait. »

Nous disons nous que tout est dans la nature – le savoir de l'homme c'est de l'observer, la suivre. - Après de bonnes récoltes nous avons les déficits; aux années de calme et de prospérité succèdent des temps difficiles, agités, mais il y a toujours compensation. — Il s'agit de prévoir pour prévenir.

Dieu ne nous envoie pas à la fois deux fléaux, plusieurs calamités, parce qu'il ne veut pas anéantir ce qu'il a si bien créé.

Nous avons besoin d'être éprouvés. — Si le capital abonde, se concentre, alors que nous sommes dans la série prospère, c'est afin qu'il vienne en aide au retour des épreuves. — Alors il doit être sagement rendu au mouvement afin de l'aider sans secousses, sans agitations; cela n'a pas encore été compris.

C'est cependant bien simple. Il est bien malheureux qu'il faille former une ligue, c'est-à-dire former résistance pour le faire sentir, *l'imposer*.

Notre attaque est toute pacifique et morale. Nous nous en prenons à deux CORPS les plus formidables, le *Gouvernement* et la *Banque*, nous n'avons pour arme que la vérité, la démonstration ; avec cela on triomphe toujours.

En demandant pour le *crédit* une base solide, stable, nous ne venons pas faire la guerre au capital, au métal or et argent... Nous respectons les droits de ceux qui les possèdent, et nous demanderons pour eux *liberté*, l'action de l'offre et de la demande.

Ce que nous avons à conquérir, c'est la bonne condition du métal de composition, le PAPIER FIDUCIAIRE résultant du droit RÉGALIEN, c'est-à-dire de la nation, inhérent à elle, *indivisible*. C'est en attribuant à ce capital additionnel, relatif, son véritable caractère, que nous pouvons arriver à protéger tous les intérêts, concilier les positions.

Jusqu'ici ce droit a été absorbé, exploité trop à l'exclusion des majorités, il a constitué un monopole trop gros, à présent grossier, dangereux.

Nous pouvons, nous devons en faire une source pure, féconde, à laquelle chaque producteur viendra puiser dans la proportion de ce qu'il produit, ce qui constitue son droit. — C'est dans cette monnaie et par elle que se trouve le correctif de l'abus des autres. Là est le *générateur* de la machine sociale, le flot généreux qui s'élève et s'abaisse portant à sa surface la fortune publique, la prospérité, sans jamais la faire sombrer.

Nous demandons avec l'instance la plus vive et la raison la plus motivée, que ce capital, habilement fusionné avec l'autre, s'étende à notre agriculture et aille répandre dans nos champs, sur toute l'étendue du sol, la fécondité, afin que nous ayons l'abondance. Nos terres sont appauvries, épuisées, faute de l'élément réparateur. Nous avons des parties étendues, des contrées entières restées à l'état sauvage, improductif, les unes arides, desséchées ; les autres restées marécageuses, fangeuses, foyers d'insalubrité, causes de souffrances, de mortalité... Et tout cela, parce que le *capital*, le *crédit*, la *confiance* sont refusés à notre AGRICULTURE par ses propres ENFANTS. — Ingratitude révoltante !

Pour y mettre un terme, nous réclamons pour le sol — LA PATRIE — une large part dans l'organisation nouvelle du régime financier. Nous établirons des clauses et conditions qui seront en harmonie avec son tempérament, ses mœurs, en ce qu'ils ont de distinctif avec le mouvement si varié, si multiplié et si facilement renouvelable du négoce, des commerces, des industries, et nous serons facilement compris.

Nous ne nous présentons destructeurs de rien ni en aucun cas. Nous admettons la puissance financière, l'aristocratie du capital, l'influence de la haute banque, mais nous leur dénions le pouvoir de nous exploiter, nous absorber, en se faisant monopoleurs toujours, alors que nous resterions dispersés affaiblis.

Nous demandons que les besoins de notre pays, de nos foyers domestiques, soient pris en considération, et satisfaits d'abord que notre capital, nos ressources, servent à notre intelligence, à nos travaux. — Nous demandons que ces appels à nos épargnes, si fréquemment et souvent fallacieusement faits pour les conduire à l'étranger, les livrer à des entreprises chimériques, à des spéculations que l'on dirige après contre nous, soient moins faciles, soumis à une investigation. — Nous demandons que la passion, les folies des primes, des plus-values, soient tempérées; que les affaires à entreprendre aient un caractère sérieux, honorable ; que la richesse productive soit exactement taxée, appréciée et non exagérée, puis dépréciée selon les temps et en raison de l'habileté, de l'effronterie des meneurs.

C'est ainsi que nous arriverons à donner à nos transactions la régularité, à notre crédit la fermeté, à notre travail la continuité. Les crises monétaires, commerciales, nous arrivent le plus souvent de l'étranger, qui exerce sur notre marché une influence trop grande, trop facile. Ce sont ces hommes à TOUTES LES LIBERTÉS qui nous les envoient et qui ont recours à nous. Nous ne sommes pas assez à nous et chez nous.

Le correctif de nos égarements et de nos passions ne se rencontre que dans une organisation *saine*, *rationnelle* de notre BANQUE DE FRANCE avec droit RÉGALIEN. — C'est aussi là qu'est l'esprit de notre ligue.

Déjà nous avons porté cette grande cause devant l'opinion publique en produisant, en octobre dernier, une brochure (1), à l'esprit et à l'indépendance de laquelle rien n'est à comparer. Mais on ne gagne pas un procès si compliqué sur un seul plaidoyer et d'un premier effort. — Nous reprenons nos critiques, nos attaques contre le premier établissement financier. Et nous le faisons alors qu'il a été l'objet des attaques générales de l'improbation de tous, et quand il a subi un abaissement d'estime. Et pourtant sans que cela paraisse l'émouvoir.

Les évènements de tous les jours nous servent à merveille. Le mouvement des affaires de toutes natures, est gêné, enrayé par l'attitude mauvaise, inquiétante de la Banque; les petits commerces sont exploités effrontément par les banques d'ordres inférieurs, tout languit, chacun se sent appauvri davantage, et

---

(1) *La Banque de France liquidée, expropriée pour cause d'utilité publique.*

La Banque de France, créée, constituée en concordance avec les intérêts généraux.

Protection à l'Agriculture, aux Manufactures, au Commerce, à tout ce qui produit.

1 Vol. in-8°, à la Librairie DENTU et autres.

chaque jour. D'un autre côté, la discussion de l'adresse, au sein de notre Assemblée Législative, aura été fort intéressante, très-significative.

Nos honorables Représentants, qui forment le petit groupe appelé *opposition*, ont mis à découvert nos souffrances, nos besoins, nos aspirations, avec énergie et talent. Et on peut dire que leur succès moral a été grand, car ils ont obligé le parti de la majorité, appelé parti gouvernemental, à faire des promesses, de manière à être contraints à les tenir. Le succès matériel effectif est donc assuré. Nous en sommes la partie pratique.

Nous avons enregistré cette déclaration de l'un des honorables de la majorité :

« Enlevons les poutres vermoulues, celles auxquelles s'attache le » termite.— Remplaçons-les par des pièces neuves, saines, que la dent » ne pourra pas miner; soyons au progrès, afin d'enlever à l'opposition » tous prétextes, etc., etc. »

Paroles auxquelles l'honorable M. Thiers a spirituellement répondu :

« *Prenez nos rôles, nous sommes prêts à vous les céder...* »

Que de fois aussi les organes du gouvernement n'ont-ils pas été conduits à déclarer que le chef de l'État était animé des sentiments les meilleurs, que l'Empereur accorderait avec joie et empressement, les progrès réels, les améliorations qui lui seraient présentées, etc, etc.

Tout cela est bien fait pour nous donner de la hardiesse, de l'audace même, nous qui portons sur nos épaules cette poutre belle et saine, à l'abri du termite. Elle est bien le support le plus fort à introduire dans l'édifice social. — Comment ne pas persévérer alors que nous avons si bien ouvert la campagne.

Et pour n'être point retenu par aucune considération, sauf

les convenances, nous constatons ici ces paroles de l'Empereur prononcées récemment solennellement.

« Le cercle de notre Constitution a été largement tracé. Tout homme » honnête peut s'y mouvoir à l'aise, puisque chacun a la faculté d'ex- » primer sa pensée, de contrôler les actes du gouvernement, de prendre » une juste part dans les affaires publiques. »

La France les a acclamées... nous nous en emparons.

Nous reproduisons encore cet extrait d'une belle improvisation de S. E. M. le Ministre d'État, rappelant que les votes des campagnards avaient donné l'empire lors du *plébiscite*. Et que, depuis et toujours, ils avaient conduit à la Chambre une majorité.

« Les cultivateurs, dont les fils versent leur sang sur le champ de » bataille, se sont montrés plus reconaissants envers l'Empereur. Ce » sont là des votes qui vont surtout au cœur du prince qui nous gou- » verne. »

Eh bien! nous le déclarons ici avec fermeté et conviction: L'Empereur et son gouvernement ont encore une grosse dette de reconnaissance à acquitter envers les cultivateurs — *et ils forment* 26 *millions* — car ce qui a été fait n'est rien comparé à ce qui est à faire, à ce que réclament les besoins les plus légitimes, les nécessités les plus impérieuses.

C'est en accordant à la terre tout ce qui doit aider à sa fécondation, que l'on calmera les esprits inquiets, que l'on dissipera le flot des révolutions, et particulièrement que l'on fera reculer le *renchérissement*, cette hydre aux sept têtes, qui les dresse toutes avec audace et impunément. — Le bienfait et la réalité des libertés du *blé*, du *pain*, de la *viande*, est encore à attendre, et il ne se produira que lorsque la réforme financière aura été poussée jusqu'aux campagnes les plus reculées.

« Soyons donc *citadins campagnards*, tous et tout à cette réforme. — » Formons une ligue pacifique, mais *formidable*, *imposante*, pour

» qu'elle nous soit accordée au plutôt. — Nous protégerons ainsi les » plus élevés, nous élèverons les plus abaissés. »

Nous demanderons pour nous compter, nous entendre et nous comprendre, le droit de réunion, d'extension, car de la discussion jaillit toujours la lumière et avec elle la *paix*, tous les *bonheurs* !!!

Désormais la sagesse et la prudence s'alliant à la belle DÉMOCRATIE présideront à nos finances.

Mais nous devons constater ici que la loi de 1857 — loi-banquière — a eu pour triste effet de greffer sur un sujet desséché, de 1800, un germe bâtard qui absorbe notre époque, notre avenir, jusqu'en 1897. — Qu'il ne peut surgir de ce contact de deux corps opposés que stérilité, épuisement.

Notre première attaque doit donc être dirigée contre cette loi, et le premier triomphe de la ligue ce sera son abrogation.

« On est toujours heureux de rectifier de pareilles erreurs, d'effacer une si grosse faute. »

Cet exposé présenté, nous passons aux développements par chapitres par constatations.

P. S. Le succès de l'Emprunt national de 300 millions sert notre cause. *Dieu* est pour nous, avec nous.

CHAPITRE PREMIER.

Le Gouvernement et la Banque de France.

LA LOI DE 1857.

Dans un état gouverné constitutionnellement, sagement administré, comme est la France, le régime financier se divise. — L'État a ses finances, la Nation a son régime financier. Il existe bien entre ces deux intérêts, connexion, solidarité, mais la division se maintient naturellement et de droit.

L'État dispose de son budget qu'il recrute dans la nation sous forme d'impôts : il en rend compte. La nation puise ses forces dans l'action publique disséminée, attachée à la prospérité générale.

Lorsque l'État accorde des monopoles, il ne peut le faire qu'à la condition que les richesses privées en auront le profit... Quant à lui il doit n'en rien tirer — son devoir est de faciliter et non d'onérer.

Eh bien! ces règles, cette loi, n'ont pas été observées ici, il y a eu dérogation regrettable, violation coupable.

La Banque de France a été instituée pour fonctionner en dehors du Gouvernement, se consacrer absolument au développement de la fortune publique, protégeant le commerce, les industries. Ce sont des particuliers qui ont fait son capital, confiants en le monopole accordé par l'État, et par contre engagés, obligés à diriger cette force exceptionnelle vers les intérêts généraux.

Cependant, et à l'occasion d'un renouvellement de monopole, l'État s'est introduit dans la Banque et la Banque s'est livrée à l'État.

Nous voyons trop qu'il y a une convention basée sur l'intérêt des contractants, et que le grand intérêt, celui de la masse, a été écarté.

Constatons les faits, les conséquences ressortiront d'elles-mêmes.

L'origine de la Banque de France remonte à 1800, et voici ce qu'ont dit ses fondateurs :

« Considérant qu'à la suite de longues guerres, la Nation a éprouvé
» le déplacement, la dispersion des fonds qu'alimentent son commerce,
» l'altération du crédit public et le ralentissement de la circulation de
» ses richesses, etc., etc., arrêtons les articles suivants comme statuts
» fondamentaux d'une banque. »

Ceci est clair, *l'intérêt national* a été le mobile. — Le Gouvernement a été le concédant comme représentant cet intérêt.

La Banque a pu ainsi vivre jusqu'en 1857 avec plusieurs prorogations, et ayant déjà fait à l'État quelques prêts — Elle avait alors et encore une possession de monopole de *dix* années jusqu'en 1867 ; c'était quelque chose assurément. — Cependant une pensée de prorogation surgit et prévalut. — Quel en fut le promoteur, de la Banque ou de l'État ? nous l'ignorons. — Nous pensons que l'État voulant à nouveau tirer des coffres de la Banque quelques grosses sommes, celle-ci eut la pensée de profiter de cette nouvelle demande de service pour se faire assurer une existence plus longue.

Toujours est-il qu'en 1857 une convention fut arrêtée entre l'État et la Banque, par laquelle le premier concédait à la deuxième une prorogation de privilége jusqu'en 1897, c'est-à-dire que *quarante années* d'avenir étaient livrées à un monopole reconnu déjà caduc, usé, impuissant, très-absorbant. — De 1800 on allait à 1897 sans que ces deux mots : *progrès, époque*, fussent portés en ligne de compte.

Au contraire, on aggravait, on rétrogradait. — L'État tirait encore des caisses de la Banque *cent millions*, et il brisait la barrière qui empêchait celle-ci d'élever son taux d'intérêt au-delà de 6 °/°. Désormais elle était libre de graviter.

Un Député, l'honorable M. Berryer, le doyen de la Chambre, l'orateur toujours jeune et brillant, a dit dans son remarquable discours sur les finances de l'État à propos des crédits supplémentaires :

« Vous avez d'abord emprunté à la Banque 60 millions, vous lui avez » encore demandé 100 millions en prorogeant son monopole jus- » qu'en 1897, vous lui avez accordé le droit d'élever son taux sans li- » mites. CECI EST GRAVE... TRÈS-GRAVE... »

Nous disons avec l'illustre député : « *Ceci est plus que grave, ceci est plus qu'une erreur, c'est une faute, laquelle conduit à un abîme.*

En fixant à 160 millions les emprunts faits par l'État à la Banque, le député restait en-dessous de la réalité.

Voici comment la situation de la Banque vis-à-vis de l'État est constatée dans une brochure d'une publication récente, d'une rédaction remarquable, et que l'on attribue à une influence financière de premier ordre, dont nous combattons les tendances.

« Dans la situation de la Banque, aujourd'hui, quant à la disponibilité de son capital propre, il y a quelque chose qu'il suffit d'indiquer pour soulever aussitôt une protestation de la raison publique. Ce quelque chose, c'est que la Banque qui, par rapport à ses actionnaires, possède un gros capital 182 millions et demi, sans compter les réserves, est, par rapport au commerce français qu'elle a pour mission de soutenir, comme si elle n'en avait aucun, comme si elle possédait moins que rien.

» En effet, sur ce capital de 182 millions et demi, que l'accumulation des réserves mobilières et immobilières a porté à 211 millions, si l'on cherche ce qui est distrait des opérations de la Banque, on trouve que la somme ainsi détournée de ce qui serait sa destination légitime se compose : premièrement, des 100 millions immobilisés par la loi ou supposés tels, dont nous parlions tout à l'heure ; secondement, d'une somme de 51 millions et demi placée aussi en rentes sur l'État ; troisièmement, d'une somme de 10 millions qui représente les immeubles que la Banque a dû acquérir pour y rétablir son administration et ses bureaux, tant dans les départements qu'à Paris ; quatrièmement, d'une somme de 60 millions qu'elle est tenue d'avancer au Trésor. Une pareille situation est si manifestement contraire à l'intérêt public qu'elle ne supporte pas l'examen; il suffit de l'exposer pour que par une sorte d'acclamation, il soit décidé qu'elle doit cesser. C'est donc, au point de vue de sa puissance vis-à-vis des demandes du commerce, un total de 221 millions à rabattre d'un capital de 211. La conséquence est claire : la Banque se présente dans la carrière des affaires, non pas avec un actif, mais avec un passif de 10 millions. Le capital qui lui sert à ses opérations, l'unique capital dont elle fasse profiter le commerce, c'est la confiance du public qui admet ses billets dans la circulation jusqu'à concurrence de 800 millions, et qui lui livre, en compte courant, sans intérêt, une autre somme de 200 millions environ. De sorte que la Banque rend des services au public, uniquement parce que, au préalable, le public lui a fait crédit d'un milliard. »

Plus de doute, la banque a aliéné son capital au profit de l'État. — Elle a acheté un monopole, — l'État lui a vendu un droit — *marché livraison*... Et puis *rien*, c'est trop triste !

M. le vice-président du Conseil d'État *Vaitry* qui est en même temps gouverneur de la Banque, a confirmé les faits exposés par M. Berryer, il a ajouté que : « le prêt de 60 millions était improductif d'intérêt, parce qu'il était une sorte de compensation aux » sommes mises en dépôt à la Banque par le Trésor. » Mais c'est une perte sèche pour la Banque réellement, car ces dépôts sont facultatifs, variables et toujours tenus à disposition. — M. le gouverneur a félicité le député, de ce qu'il déclarait approuver l'unité. — Nous sommes très-bien de cet avis.

Il est donc établi, avoué, que la Banque n'a pas de capital. Elle a aliéné le représentatif de ses actions. — Avec quoi donc opère-t-elle ? Elle opère sur son crédit, sur le prestige de son monopole, à l'aide desquels elle a su constituer un capital *imaginaire* s'élevant à *six cent cinquante* et *sept cents* millions. — En effet, en poussant la valeur de ses actions jusqu'à 3400 à 3600, — elle a atteint ce chiffre elle l'a adopté comme l'un de ses résultats à maintenir, elle s'est obligé à lui servir un intérêt au moins de *cinq* à *six* pour °/。 en le renforçant d'une réserve assurée par les bénéfices résultant des escomptes dépassant 6 °/。. — Il importe de faire remarquer que l'augmentation du capital par cette réserve peut atteindre un chiffre considérable et doit grossir la plus-value sur les actions, — d'où ressort la nécessité de faire une nouvelle chasse aux bénéfices. Les actions devant toujours produire de 5 à 6 °/₀ s'élevassent-elles à 4000 fr. 5000 fr., etc., etc., telle peut être la conséquence du principe qu'a adopté cette banque. — Il faut que le public des affaires la suive, en fasse les frais, telle est sa loi.

Conséquence. La banque après s'être dépossédée de son capital métal, a su s'en constituer un *trois* fois, *quatre* fois plus fort. — Son capital aliéné ou plutôt confisqué lui produit 4 1/2 p. °/₀.

Elle a su élever son capital par monopole et gratuité à 650, 700 millions (nous pourrons le voir poussé à un *milliard.*) Il faut qu'elle en retire 5 à 6 °/₀, soit de *trente-trois* à *quarante-deux* millions.

Ce n'est pas tout... Si la Banque avait à sa disposition libre les sommes que détient l'État, elle les appliquerait aux transactions, avec son droit régalien, elle les doublerait, triplerait ; et alors elle repandrait sur le marché de 4 à 6 cents millions, lesquels rapporteraient au moins 10 °/₀ soit *quarante* à *soixante* millions

Ainsi, et par ces faits, le monopole de la Banque coûte à la Nation *effectivement quarante millions* au *possible quatre-vingts millions.*

Il n'est pas nécessaire d'établir ici que si la banque le voulait, elle donnerait à ses relations une extension très-considérable, tandis que le monde des affaires souffre énormément, se trouve lésé du système restrictif qu'elle a adopté et qu'elle maintient obstinément.

Il est aussi contre *nature*, contre *devoir*, qu'une institution financière, la *première*, augmente son capital à la seule fin de s'en déposséder.

Les affaires exigent un capital quel que soit le rang que l'on occupe.

On comprend parfaitement que, en présence des avantages immenses, *inouïs*, que la Banque retire de l'exploitation de son monopole avec l'aide de la débonnarité publique, elle ait accepté les conditions de l'État. — *Elle en aurait accepté bien d'autres*.

Mais il est plus difficile de bien saisir les motifs qui ont conduit l'État à provoquer une prorogation, alors qu'il y avait encore *dix* années de traité. – Ce motif existe cependant. Nous l'avons trouvé, d'autres ont pu le deviner, personne ne l'a constaté par enregistrement. Nous le faisons et nous déclarons que l'État a provoqué cette transaction, parce qu'il lui fallait une somme de *cent millions* qu'il ne voulait pas demander directement à la Nation, mais qu'il lui a imposée indirectement par intermédiaires.

Mais *quel intermédiaire* et *quelles conséquences?*

Nous avons le devoir de nous attacher à ce point, de nous emparer de cette position, afin de la combattre et de la détruire.

Nous déclarons respectueusement, de conviction et avec énergie, que l'État se trouve ici dans une position *fausse, insoutenable.*

Il doit rembourser la Banque intégralement, ne jamais y recourir, se tenir toujours dehors d'elle.

Nous n'avons pas besoin d'indiquer à qui l'État doit s'adresser pour se mettre à même de faire cette restitution. Il n'y a là pour lui qu'une transposition.

La politique ne permet pas en tous temps à l'État, de faire appel au Crédit public pour contracter un emprunt ; il importe de bien choisir l'instant. — C'est la seule excuse que l'on puisse trouver en faveur de l'État qui n'a pas su attendre.

L'État a bien pu ne pas voir au-delà d'un emprunt contracté par lui d'une façon plus commode et plus certaine, il a pu penser que les 91,250 actions émises à 1100, afin de parfaire 100 millions, et formant une série nouvelle, se placeraient comme elles le pourraient; cependant il résultait pour la Banque cette conséquence, ou de faire d'elle-même la dépréciation de ses titres existants et poussés à 3,500 fr., ou d'employer tous moyens pour donner à ces titres nouveaux la même plus-value. — Pour elle il n'y avait pas à hésiter. Elle a pris ce dernier moyen, et prêtant d'une main 100 millions, elle a réalisé de l'autre *trois cent cinquante millions*.

Le public est prêt à se substituer à la Banque vis-à-vis de l'État Il y gagnera plus de vingt millions par année.

Le résultat de ce dernier emprunt parle éloquemment.

Mais là n'est pas pour l'État la seule faute à réparer : Il a le devoir de rectifier le monopole imprudemment concédé, d'effa er le laps de temps malheureusement aliéné. — C'est une révision complète à faire, au bout de laquelle nous ne voyons qu'une conclusion : l'EXPROPRIATION, la RECONSTITUTION.

Déjà nous l'avons dit, et nous le disons encore avec plus de conviction.

Et comme en ce monde tout vient à point, il nous semble qu'une circonstance va se produire favorablement pour celà.

La *Banque de Savoie* occupe beaucoup le monde financier depuis plusieurs mois. Elle a cherché à se placer à côté de notre Banque en exhibant ses *droits de conquête* qu'elle avait confiés fort maladroitement selon nous au Crédit mobilier, ce grand faiseur, trop fort amateur de primes et de pl s-values, déjà trop engagée dans des affaires impénétrables. Elle a été repoussée, avec elle le parti de la liberté des Banques a heureusement échoué, le principe de l'*unité* a triomphé de ces folles idées. — Mais la Banque Savoisienne à des titres — Elle doit les placer quelque part.

La vieille Banque de France, dominée par son esprit étroit, cupide, après l'avoir repoussée d'abord, va se trouver contrainte de l'admettre en *fusion* (fusion impossible cependant).

Or la Banque de France, aux termes de ses statuts, ne peut contracter de nouveaux engagements sans la sanction de la législature. — Le traité de fusion, déjà arrêté sans doute et ajourné par l'effet de la crise financière qui se prolonge, sera donc soumis à la nouvelle Chambre, laquelle n'hérite pas des erreurs, des fautes commises par sa devancière. Elle a le devoir d'effacer tous dommages, tous préjudices causés involontairement et par surprise sans nul doute. Elle voudra remonter au principe. Et alors tout sera remis en question.

En traçant ces lignes, nous éprouvons une satisfaction vive, en pensant que nous pouvons, que nous devons (que cet incident se produise ou qu'il ne se produise pas) appeler l'attention de nos Représentants sur ce grave sujet : la *Banque de France à régénérer.*

Dans cette loi dont nous poursuivons l'abrogation, dans ce traité qui doit être déchiré, les intérêts les plus précieux de la Nation ont été compromis sans que celle-ci ait été consultée, — l'avenir a été livré aux *errements* du passé, tout a été compromis, *richesse*, *honneur*, *dignité.*

La réforme financière est dans toutes les pensées, tous les esprits,— la grandeur nationale la réclame.— A quoi serviraient tant de sacrifices de sang, d'argent; quels seraient les résultas de ces expéditions lointaines, pour ouvrir des débouchés à nos produits, si à l'intérieur notre commerce, nos industries étaient sous le joug honteux des stipulations de 1800 et pis encore? Que de choses à dire sur ce sujet, nous en sentons tous les jours les tristes conséquences. On le verra par les chapitres qui vont suivre. La tâche imposée à celui-ci, c'était de faire ressortir *l'impossibilité matériel et morale* de rester sous le joug de ce *monopole*, monstre horrible, de cette *loi*, *aberration* de l'esprit et du cœur. Nous pensons qu'il s'en sera bien tiré.

Toutefois, rappelons encore, -- que nous sommes liés par un relais de 1800 à 1897. — Chaînes insupportables à briser que l'État est débiteur envers la Banque de plus de deux cents millions, qu'il en paie l'intérêt. — Que nonobstant ce profit, la Banque, par une puissance exceptionnelle, fait payer au public un autre revenu trois ou quatre fois plus fort, — qu'il y a absorption ; spoliation ; là où il devrait y avoir protection, grandeur.

Que c'est bien là que se trouve la poutre de l'édifice social, la plus vermoulue, la plus travaillée par les rongeurs, qu'elle croulerait infailliblement et écraserait si on ne la remplaçait.

Il y a bien pour la soutenir, des routines, des inerties, des parasites, mais à côté de cela, *que de clameurs s'élèvent*, que de *souffrances se produisent*, que d'*efforts louables*, de *nobles énergies* sont arrêtées.

Nous terminons par ces mots *réorganisation complète*, *dépossession*, appréciation par arbitrage ; *révolution pacifique*. *Ère nouvelle* et *brillante*.

La richesse publique parera à toutes difficultés, le grand livre de la dette nationale enregistrera.

CHAPITRE II.

La Banque de France avec ses privilèges — Son mode de les exploiter.

Les traités, les bases sont quelque chose...

L'interprétation est aussi quelque chose, et plus encore...

Chez la Banque, l'interprétation est tout à l'égoïsme, au personnel.

Lors de sa création (1800), la Banque était vis-à-vis de la France seule et pour elle seule. — Elle a dû relier les forces dispersées, relever le crédit public atterré, rétablir la circulation des richesses arrêtée par les guerres. — Le commerce était à développer, l'industrie était à naître. — Agriculture... rien.

A notre époque; 1864, la France est bien autrement placée; la Banque se doit à la France intérieurement et aux relations qu'elle a établies extérieurement. — L'esprit des libertés qui a prévalu a établi une solidarité entre les nations importantes. — Les affaires ont donc pris un développement considérable; — l'avenir nous présage une extension plus considérable encore, et nous aurons des besoins nouveaux et impérieux.

Cependant la Banque n'a pas modifié ses traités, elle n'a pas donné d'élasticité à son mode d'interprétation. — Son administration a conservé son caractère aristocratique, défiant, restrictif.

Elle n'a plus le capital qu'elle avait en 1800. — Elle a demandé à la Nation, Crédit, Confiance; la Nation lui a tout accordé.

Pour elle, elle n'a rien lâché. Elle a tout attiré à elle, concentré en elle.

A l'égard de ces points importants : *Émission, En caisse, Délai, Signatures, Confiance*, rien n'est changé depuis 1800.

Le monopole de la Banque se divise en trois parties :

1° Émission de son billet, droit de souveraineté.

2° Liberté d'étendre, de restreindre ce droit facultativement, arbitrairement, sans aucun corrélatif.

3° Élever, abaisser le taux de l'escompte selon sa volonté.

Nous admettons, nous proclamons magnifique le principe de l'UNITÉ.

C'est le *sublime* à l'égard de la Banque, et pour la Nation le *salut.*

Avec ce droit elle se fait l'arbitre, le pondérateur, elle sauvegarde.

Mais il faut savoir s'en servir, user, ne point abuser.

Or, si on ne sait pas user, on tombe dans l'abus.

Nous l'avons dit. — La Banque a admis une règle, adopté un principe. — Elle se crée le devoir de satisfaire *largement et quand même* à un capital de convention, qui flotte de 650 à 700 millions et que ses efforts tendent à grossir encore.

Il y a là pour la Banque un double point à atteindre, satisfaction d'intérêt, degré de confiance. — Si les actions de la Banque qui se tiennent entre 3,400 et 3,600, — éprouvaient une baisse de quelques cents francs, l'orgueil de la Banque serait blessé, son prestige serait affaibli. Il faut donc à la Banque des bénéfices qui assurent au moins 5 °/° à ce capital de convention, ce qui correspond à 17 °/° sur le capital nominal 1000. Il faut de plus une augmentation du capital social par une réserve, afin de porter encore plus haut la *plus-value*, afin de gonfler le relief.

Ce besoin, chez la Banque, de servir de gros dividendes, lui est tellement impérieux, qu'elle ne s'est pas décidée à traiter avec la Banque de Savoie, retenue par cette seule considération, que le dividende à servir se trouverait abaissé de *quelques francs.*

Ceci est constaté dans un rapport.

Pour arriver à des gros résultats, il y a deux voies à suivre, cela est bien connu. — On y parvient en adoptant une marche hardie, libérale, on développe, on étend, on use largement de ses avantages. Et le terrain que la Banque a à exploiter, est à cet égard le plus étendu, le plus exempt de péril. — C'est là la voie progressive, libérale.

L'autre voie c'est la routine, les expédients, l'abus de position. — C'est celle là que suit la Banque. Alors elle ne sait pas *user*, elle veut *abuser*. Elle arrive à ses fins, mais qu'elle différence? Nous condamnons cette préférence.

Nous devons caractériser cette ligne de conduite, donner un corps à notre sentence.

Le grief le plus fort que l'on lance contre la Banque, celui qui a de la gravité, c'est celui-ci : «*Loin de soulager ses clients lors* » *des crises financières, elle les surcharge, les accable par* » *une recrudescence d'élévation d'intérêt, par une restriction,* » *par un excès de défiance de prudence,* etc. Enfin elle exploite les crises financières ; quand elle ne les provoque pas, elle les prolonge. - Elle agit contre le but de son institution — Mais elle gagne gros.

Pour savoir si cela est fondé, nous prendrons la crise financière dans laquelle nous sommes encore et nous la suivrons.

En septembre dernier (1863), la France était calme, elle bénissait la Providence pour les belles récoltes qu'elle venait de recueillir, nos céréales sont belles et nombreuses, nous avons à exporter des grains ; nos vins sont abondants et bons, nos fruits, nos légumes de même.

Le commerce avait été prudent, il n'éprouvait aucune gêne, l'industrie était en bonne position. Les tissus de coton donnaient des bénéfices très-beaux, exceptionnels même. Nous avons su trouver compensation aux déficits causés par la guerre d'Amérique, les encaisses de la Banque se tenaient élevées, lorsque tout

à coup, ces mots terribles : CRISES MONÉTAIRES, *abaissement de l'encaisse*, se firent entendre. — Ceux qui voulurent connaître et voir, surent bientôt que cela nous venait de l'Angleterre. — Quelques spéculateurs impatients, imprudents, effrénés, avaient levé des banques de leur pays de grosses sommes, puis s'étaient étendus sur la France, en demandant à son encaisse quelques millions. Ils avaient, ces spéculateurs, à diriger vers les Indes des sommes, quelques mille livres, afin de s'assurer le COTON dans l'avenir, afin de plus tard nous le vendre avec gros bénéfices. — Sortez de là, vous n'apercevez rien qui ne soit normal, satisfaisant.

Quelle a pu être la portée de cette intervention de l'étranger? Presque rien.

Cependant, à un premier abaissement sur son *encaisse* de 25 à 30 millions, la Banque a passé de 3 à 4 ; à un second abaissement de même chiffre, elle a passé de 4 à 5; puis de 5 à 6 et de 6 à 7. — En l'espace de quelques semaines, elle a franchi la distance de 3 à 7, ce qui est énorme, exorbitant. — Et par ces secousses successives, rapprochées, elle a tout agité, troublé. — Elle a répandu l'alarme, changé la position.

Malgré soi on frémit d'horreur et d'indignation, en comparant l'effet avec la cause. Jugez...

Le capital métallique que possède la France est diversement apprécié. — Les uns le limitent à 4 milliards, d'autres le portent à 5. Quelques-uns le poussent jusqu'à 7. — Prenons pour moyenne 5 milliards. Eh bien ! la sortie de 25 à 30 millions des coffres de la Banque, correspond à 1/2 pour °/₀ de ce capital. — Et cela cause une hausse de 1 °/₀ à l'escompte. Si bien que 120 à 150 millions demandés en métal à la Banque ont amené une surélévation de 4 °/₀ c'est-à-dire de 3 à 7. — Et cependant ils ne représentent que 3 °/₀ du numéraire total dans la Nation... Supposons que la Banque ait à payer en métal 200 *millions*, cela ne ferait que 5 — *trois cents*, 6. — Eh bien, ces effets si *gros*, si calamiteux pour d'aussi faibles causes, sont hors de toutes les proportions. Et alors qu'ils se produisent, on peut le dire, il y conspiration, exploitation.

Ce qui est triste à constater, c'est que les motifs argués, les prétextes donnés sont sans valeur et ressemblent à de l'effronterie.

On dit : « Nous élevons notre encaisse de 1 °/₀ pour arrêter » la sortie. *Nous défendons notre encaisse.* » — Eh bien, on n'arrête pas, on ne défend rien ; si on sort, on élève encore et successivement jusqu'à ce que le flot qui s'est avancé sans que rien ait pu le toucher, recule de lui-même. — *Toujours il y a latitude et limite naturellement, rien n'y peut faire.*

Et cela se justifie parce qu'a fait la Banque. Elle a dicté elle-même sa condamnation, après avoir rapidement passé de 3 à 7, elle s'est arrêtée à 7 °/₀. Cependant l'encaisse baissait toujours, elle est descendue à 150 millions. Et la Banque n'a pas monté à l'imitation de sa sœur d'Angleterre.

Pourquoi ce temps d'arrêt, de la Banque, si contraire à sa maxime ? Y a-t-il eu de sa part bienveillance, sollicitude, bons sens ? Nullement.

Il y a eu crainte, frayeur, *respect pour l'opinion publique...* Des clameurs se sont élevées avec véhémence et unanimement. Et la Banque a eu peur. — Elle n'a osé aller au-delà. Et le flot a monté jusqu'à ce qu'il descende de lui-même sans que le péril ait été ni plus gros ni moins fort.

Livrée à elle-même, la Banque aurait gravité jusqu'à 10 °/₀ et rien n'eût été modifié, arrêté ; le courant aurait marché de même.

Voici plus de 4 mois que la Banque tient son taux à 7 °/₀. Et son encaisse ne s'est abaissée qu'à 160 millions pour remonter aussitôt. — Le grand succès de l'emprunt a ravitaillé la Banque. La modération de la Banque qui s'est arrêtée à 7, après avoir poussé rapidement de 3 à 7, a été de sa part une vertu.

Cependant l'attitude de la Banque n'a pas cessé de causer des appréhensions qui ont paralysé presque autant que l'effet, ce qui indique combien est funeste cette latitude d'élever son taux.

Eh bien il y a dans la constatation de ce fait positif, irrécusable (il se déroule encore alors que nous le relatons), un haut enseignement.

C'est que les hausses ne signifient rien, ne préviennent rien, n'arrêtent pas. — Elles sont un prétexte, un moyen, un expédient. — Il serait imprudent d'en user toujours.

Si la Banque est tenue à avoir une encaisse, c'est assurément pour qu'elle produise un autre effet.

Et d'abord, n'est-il pas plus que regrettable, que notre Banque se dépossède de sa réserve métallique en faveur de l'étranger et pour son *coton*, nous trouvons cela ridicule. — La Banque a un moyen pour se renseigner, se défendre, naturel, infaillible.

Elle n'a qu'à bien flairer les gros bordereaux qui font des vides. Elle saura d'où ils viennent, où ira son numéraire. — Mais voici ce qui arrive : les gros bordereaux qui viennent de *l'étranger sont des lettres de change* tirées, acceptées avec trois endos, présentées par quelques-uns de nos gros banquiers, amis de la Banque, quelquefois ses initiés. — De sorte que les graves mesures qui sortent du cénacle et qui répandent l'alarme sont prises après *ces MM. satisfaits.*

On dit bien qu'il existe une solidarité entre les deux Banques d'Angleterre et de France, et que la nôtre ne marche qu'après le mouvement imprimé par l'autre et pour se défendre contre le contre-coup qu'elle en ressentirait. — Cela n'est pas exact précisément. Si la Banque de France refusait les gros bordereaux qui portent avec eux leur origine, elle obvierait en partie. — Si elle les acceptait sans modifier son taux, ils pourraient se présenter plus gros, plus nombreux ; mais la Banque d'Angleterre verrait ses opérations s'abaisser, elle serait jalouse et elle reprendrait le niveau français. Il y a bien connexion, solidarité entre ces deux Banques, les maîtresses du monde, mais pas autant que cela est cru et admis. Et si l'une sait se modérer, il y a nécessité pour l'autre de se restreindre.

Rien donc... absolument rien ne vient justifier, excuser ces hausses brusques, ces craintes exagérées, nous les combattons et à cet égard la loi de juin 1857 qui a enlevé la barrière qui limitait à 6 °/₀ a été une loi funeste; il y a à y revenir.

Ce n'est pas que nous prétendions que la Banque dût n'avoir pour toute éventualité qu'un *taux*, nous ne sommes pas pour l'absolu, mais nous aimons le modéré, le tempéré, nous trouvons trop excessif l'écart de 3 à 7 et 10 °/₀. — Nous le renfermons de 3 à 5, *trois* quelquefois, *quatre* le plus souvent, *cinq* par grande exception. — Cette proportions, concorde avec le droit d'émission qui par sa gratuité détermine une limite.

Il y a dans la liberté illimitée accordée à la Banque par la loi de 1857, et dans la restriction encore maintenue que prescrit la loi de 1807 sur l'emploi du capital particulier, une anomalie, contradiction. — La liberté doit être pour les particuliers possesseurs du métal, et la restriction pour la Banque ; laquelle armée de son privilége est bien plus puissante, peut et doit contenir, comprimer. — La Banque ainsi limitée et pourvue, est la meilleure protectrice contre les abus, contre l'usure que la loi a voulu empêcher.

L'intérêt si grand et respectable que nous représentons ici, nous impose le devoir de faire comprendre et bien ressortir que la Banque de France, alors qu'elle a si *vivement* cédé à l'alarme, a commis une faute, a manqué d'attention. Elle avait en caisse 350 millions. Et avec cela on peut attendre et se laisser entamer sans crainte. Ce qu'elle a fait a produit le mal la cause était absente.

Et d'ailleurs pourquoi se baser toujours sur l'Angleterre — La situation des deux Nations ne se ressemble pas. La France a un capital trois fois plus fort que l'Angleterre, 6 contre 2. — Elle a un mouvement deux fois moins considérable. — Cela est à prendre en considération.

Disons encore ici que nos relations à l'extérieur, en y comprenant ces demandes du numéraire, sont à l'égard de celles extérieures de 5 à 95 °/₀, et qu'il y a toujours maladresse a souffrir que le si fort 95 soit entraîné par le si faible 5. — Il y a à cela un remède, assurément, nous l'avons déjà indiqué. Il consiste à établir pour la circulation intérieure, un capital composé : 2/3 billets de banque, 1/3 numéraire, et de laisser aller le capital métallique pur, selon les impulsions diverses. De cette façon nous serons à nous et chez nous. L'Étranger paierait la hausse qu'il provoque sans nous troubler, sans nous ruiner, cela mérite bien à être pris en sérieuses considérations.

Si on découvre mieux et plus infaillible, nous applaudirons le premier.

Ce qu'est le Billet de Banque en lui-même et circulativement.

Le billet circulatif à l'égal métallique comme nous l'avons, est l'élément constitutif de la Banque de France. Il est admis avec grand crédit parce qu'on le croit réalisable à vue. — Ce qui prouve qu'il n'est pas bien connu, parfaitement compris.

La Banque est autorisée à mettre cette valeur en circulation à son libre arbitre, sans corrélatif. — On a dit avec raison que l'émission se réglait d'elle-même et selon le mouvement des affaires.

Néamoins il doit résulter pour la Banque, et de cette émission, une *gratuité*. Il faut que cela soit puisque elle est tenue à arbitrer le taux.

Le billet de banque est il remboursable à première réquisition? on répond oui vulgairement, et *non* lorsqu'on est bien initié. — Si le billet était réalisable à vue, il ne donnerait pas la gratuité, il perdrait son privilége, son prestige, il serait matérialisé.

Oui, le billet est remboursable *isolément* et en une certaine mesure. Il est en quelque sorte immatérialisé.

Non, le billet n'est pas remboursable *en masse* ni en une forte proportion.

Le billet tire sa force dans la confiance, par la solide constitution de l'établissement qui le produit. — C'est pour cela qu'il doit rester *seul*.

En disant cela nous faisons exception pour l'intérêt agricole dont nous nous occuperons à fin de ce travail.

La clientèle la plus précieuse pour ce billet, c'est celle de l'État, toutes ses caisses l'admettent, non de par la loi, mais par l'ascendant moral.

La pluralité des Banques à émissions retirerait aux divers billets cette clientèle et par ce seul fait ils seraient tous dépréciés. — C'est à quoi n'ont pas pensé tous ces prôneurs du *duopôle* du *polypôle*, c'est-à-dire des libertés.

Pourquoi la Banque a-t-elle tenue à remboursement immédiat, c'est-à-dire conversion en or ou argent? parce que cela est une assurance.

Mais cette obligation que s'impose la Banque est une contradiction avec son principe, son monopole. — Elle s'impose ce que matériellement elle ne peut. — Ceci est grave, car c'est de là que sort pour la Banque la nécessité d'avoir une encaisse afin de parer aux éventualités, et c'est ce souci de défendre cette encaisse, qui donne prétexte à l'instabilité du taux et à son élévation plus ou moins forte et rapide.

Billets circulants, quantum de l'encaisse métallique. Ce sont là les deux corps isolés qui occupent sans cesse. Ils peuvent se rapprocher, mais dans quels rapports ou proportions. — C'est ce qu'il importe d'examiner.

La Banque avait en janvier dernier une circulation de 800 millions, contre une encaisse de 205 millions, tombée peu de jours après à 150 millions, différence 655 millions excédant en billets. — Mais cette situation était exceptionnelle.

Nous prendrons pour moyenne une encaisse de 300 millions. — Une émission de six cents millions. Ecart 300. — Surplus en billets.

Voyons alors comment se composent et se casent ces 600 millions *réalisables à vue*, soit aujourd'hui, soit demain...

Il ne peut-être constaté, mais il est admis que ces billets 600 millions se divisent en trois catégories.

1/3 soit 200 millions sont soit aliénés, consolidés, cachés entre des feuillets de livres, brûlés, perdus, — et ne peuvent en aucun temps se représenter, donc pour eux, *néant*... (Nous tirerons plus tard de cela une conjecture importante).

1/3 200 millions se trouvent retenus disséminés dans la circulation, le mouvement, sans qu'on puisse les présenter au guichet convertisseur, de là demi-aliénation.

1/3 200 millions peuvent être placés circulant à proximité et se présenter, mais non en un jour, une semaine, un mois, etc.

Ensemble : 600 millions.

On aperçoit de suite combien est vague, vaine, la frayeur de la Banque redoutant toujours ce remboursement total, alors qu'elle a une encaisse supérieure au cas extrême et toujours suffisante, laquelle peut baisser, sans jamais faire craindre d'être prise au dépourvu.

Et d'ailleurs cette encaisse épuisée aujourd'hui, se reformerait demain, la Banque ne s'arrête pas : ses billets circulant comme espèces, sont représentés en outre de l'encaisse par des billets portefeuille à 3 signatures, qui arrivent chaque jour à échéance. — La moyenne des échéances n'excède pas 45 jours.

Donc, matériellement, il est de toute impossibilité que ce remboursement prenne tout à-coup des proportions colossales, irréalisables. Celui qui changerait aujourd'hui aurait à payer demain, il le ferait avec le métal pris hier. Et le lendemain il redemanderait le billet.

En effet, le billet-banque est un instrument d'échange, de circulation, précieux, indispensable, accrédité près de tous et partout. On ne peut s'en détacher, il le faut toujours et quand même, *c'est* à l'égard de notre vie des affaires un *élément*.

La Banque n'a donc jamais à redouter l'épuisement de son encaisse et cette mesure d'entasser des métalliques est poussée trop à l'extrême.

L'action du remboursement chez la Banque est toute morale et de convention, si elle n'existait pas, les choses n'en iraient ni mieux ni plus mal.

Il y aurait toujours, soit à la Banque, soit en dehors d'elle, des moyens simples infaillibles de changer. — D'ailleurs, le moyen de rendre cet échange moins fréquent, c'est d'étendre la circulation du billet, c'est de le fractionner jusqu'à 50, 25.

Réellement, les soucis que causent ce point *remboursement*, ne sont pas fondés.— Ils tiennent à des chimères, a des fausses croyances, à de vieilles traditions. — Le temps est venu de les dissiper. — Celui qui entreprendrait de réunir 25 millions, voir même 10, en billets de banque, pour les présenter d'un seul coup à la conversion, échouerait à la tâche.

Il est constant que la Banque ne peut abuser de son droit d'émission, parce qu'il se détermine par le mouvement des opérations, mais aussi il est vrai que ce droit est pour elle un moyen puissant, énergique, de faciliter les relations, de les étendre.— Eh bien, par suite de ses fausses doctrines et de la préoccupation de son intérêt avant tout, elle en fait un moyen de restriction. — Le temps des hérésies doit se passer en ce siècle des lumières, même pour cette grande dame, mais vieille dame, la Banque.

La circulation des billets de Banque doit accompagner la circulation du métal, faire sortir celui-ci des épargnes, des cachettes, et livrer au mouvement toute la richesse publique. — Pour faciliter ce résultat il faut non pas entasser dans des caves, stériliser, mais forcer la circulation, inoculer le capital dans toutes les veines sociales comme un sang généreux. Le REPRÉSENTATIF par L'ENCAISSE, c'est la défaillance, l'*épuisement*. — La bonne répartition, la circulation, c'est constituer le corps, illuminer l'esprit.

Donc n'aliénons pas le capital, faisons le paraître au grand jour et animé, usons du billet de banque avec discernement, mettons le en rapport avec le mouvement des transactions, et l'équilibre se fera de lui-même.

Pour cela, accordons au capital une légitime rénumération, ne nous appuyons pas sur la gratuité, c'est un moyen vieux, usé.

Ce que nous venons d'établir, constater, démontre que la Banque ne connaît pas sa force, qu'elle fait un mauvais emploi de l'instrument qui la lui donne. — Elle n'a pas le sentiment de sa dignité. — Ce que nous allons ajouter l'établira davantage encore.

L'Encaisse métallique de la Banque ; ce qui la constitue.

En général, et surtout en affaires, on entend par *encaisse* le capital réalisé versé, et sur le chiffre duquel les affaires se basent.

A cet égard, nous savons que la Banque n'a pas d'encaisse.— Elle l'a aliéné; ce qui constitue l'encaisse de la Banque, c'est l'effet de son monopole, le degré d'autorité dont on l'investi, et par cela la Banque recueille une deuxième gratuité.

Son encaisse, qui s'élève de 3 à 5 cents millions, se forme par des dépôts simples, non productifs, — versés ce jour, retirés demain.

Alors cela se réduit à une entrée une sortie, un va-et-vient. Ce n'est pas un corps solide, constitué, — la différence est grande.

C'est conventionnellement un fonds de roulement, mais ce n'est pas assurément un *capital représentatif et de garantie.*

Admettons qu'une panique survienne et précipite sur la Banque, et ceux qui ont déposé et ceux qui sont porteurs de billets, les dépôts faisant l'encaisse disparaîtront, les billets resteront inconvertis, cela semble clair, logique. — C'est bien cela en effet, il n'y a que cela. — M. le Gouverneur et Conseiller-d'État *Vaitry*, répondant à l'honorable M. Berryer, a bien dit que la conversion du capital total de la Banque en rentes sur l'État, n'avait exercé aucune influence fâcheuse sur son encaisse, puisque en 1859, époque de cette conversion, cette encaisse s'était élevée et maintenue à 500 millions. Et que par conséquent il serait déraisonnable d'attribuer à cette opération la diminution survenue depuis peu dans cette encaisse, nous ne voyons dans cette réponse que *subtilité, spécieux...*

Nous constatons que ce capital social est le seul qui soit le *représentatif*, — et que le détacher, c'est enlever la seule et exacte garantie, la seule force matérielle du remboursement.

Et cette somme de deux cents millions, plus les accroissements par les bénéfices mis en réserve, concorde parfaitement avec toutes les éventualités les plus extrêmes. — Mais alors la Banque perdrait le revenu de 4 1/2 p. % que lui paie l'État sur cent millions seulement. — Mieux vaudrait cela que forfaire à la loi suprême du remboursement.

Nonobstant cela, la Banque par sa haute position attire à elle des dépôts de 3 à 5 cents millions. Elle en a la manipulation, et elle leur attribue l'office de fonds de roulement et de remboursement tout à la fois. -- C'est une deuxième gratuité, ce qui fait que la Banque tire profit de 3 à 10 °/, de ce qu'elle paie... *rien*. On conviendra que c'est là une belle prérogative — et qui demande en retour quelque chose... — Ce n'est pas l'avis de cette belle favorisée.

Nous ne sommes pas jaloux de ce bel effet de la confiance en la Banque. Nous le constatons avec satisfaction, mais nous disons, — il n'y a pas là fonds positif. — Cela peut s'envoler, — cela n'est pas sérieux.

Et puis, que prouvent ces grosses encaisses ? Cela indique absence de mouvement dans les transactions, craintes, faiblesses. Le capital ne se stérilise pas de sa nature.—Donc les encaisses de la Banque ne sont pas le *normal*, — c'est l'*anormal*, le non désirable.

Sans penser à les interdire puisqu'on les utilise, nous aimerions que la Banque attirât à elle des dépôts d'un second degré, qu'elle fît ce que fait le Trésor, ce que font d'autres caisses. — Elle attirerait ainsi à elle des sommes considérables en les rénumérant à 2 °/o seulement, cela lui permettrait d'étendre ses opérations énormément, de ne pas les concentrer en une sphère élevée de sa clientèle, celle qui conduit chez elle le désarroi. Elle s'étendrait dans les couches inférieures. Elle atteindrait le travail par l'association. Elle irait aux champs, dans les maitairies, etc., etc. Nous reviendrons sur ce point.

En résumé, on s'attache à une *encaisse*, on défend son *encaisse*, et on n'a pas d'encaisse... L'encaisse est un fantôme, l'action est de la fantasmagorie. Est-ce illusion ? Est-ce tromperie? Pauvre public avec sa crédulité.

Le Portefeuille de la Banque. — Les Titres divers.

On finit toujours par arriver à quelque chose et quelque part, et nous sommes heureux d'arriver au *portefeuille* de la Banque, car c'est là que le *sérieux*, le *représentatif a une forme*, sans que cependant on paraisse s'en douter, en tenir compte.

Nous ne pouvons mieux caractériser le corps et l'esprit du portefeuille de la Banque, qu'en faisant ici une citation de M. E. de Girardin, écrivain distingué, quelquefois excentrique, souvent aussi, exact; toujours spirituel et utile.

« La véritable monnaie, celle qui mérite véritablement ce nom par la multitude des services qu'elle rend et par l'activité de la circulation, n'est pas celle qu'on a coutume d'appeler ainsi et qui est frappée par l'hôtel des monnaies à l'effigie du chef de l'État et signée par les caissiers et contrôleurs de la Banque de France; la véritable monnaie n'est ni la monnaie d'or, d'argent et de cuivre, ni le papier-monnaie qui s'impose par un décret : la véritable monnaie est la monnaie de papier qu'émettent les quinze cent mille patentés de France, sur la garantie des encaisses individuelles qui rentrent au jour des échéances, attendu que cette monnaie est la seule équivalente, sauf appoints métalliques, à la valeur totale de la richesse en circulation. »

Ce qui correspond le plus directement au billet de banque *émis*, c'est bien en effet le billet à ordre, lettre de change, reçu en échange.

Il y a dans cette double action, de celui qui donne en échange soit du métal, soit une image, — de celui qui reçoit ce métal, cette image, et qui donne en équivalent sa signature avec date d'échéance, signature qui est son honneur, son sang, à laquelle il joint la *solidarité* de deux autres corps à honneur, à sang .. Il y a là disons-nous, quelque chose de si grave, de tant respectable, qu'on est surpris qu'après cette sanction on ait admis le RÉALISABLE A VUE, cela sent le *rédhibitoire*, cela n'est pas digne pour la Banque. — Cela est un manque de jugement, une injustice, et au fond une *inutilité*... Cela est encore et plus une gêne, un dommage, une entrave, un gros préjudice....

Le portefeuille est le *palladium* du billet de Banque. Et par contre celui-ci est, nous l'avons déjà dit, une image sainte et respectée, non-seulement parmi nous, mais encore chez nos voisins, amis, ennemis.— Les échanges ne sont pas à la Banque seulement, ils sont partout, rien ne saurait être refusé, faire entrave à cette image, *idole*.

Le mot COURS FORCÉ est le résultat de l'esprit faux, terrifié, dans lequel tombe quelquefois l'humanité la plus civilisée.

Que la lumière se fasse donc, que la raison, la sagesse dominent, et tout-à-coup ces deux mots, d'aussi terribles effets : *cours forcé*, *encaisse abaissée*, disparaîtront, et avec eux tomberont toutes les entraves, toutes les barrières. — Elles sont vermoulues. — Puisse cet effort que nous faisons les toucher, les pulvériser.

Le portefeuille de la Banque de France s'élève toujours de 500 et 700 millions, soit 600 millions. - Il a trois signatures, ce qui l'élève à 1 milliard 800 millions, lesquels sont cautionnés par tout l'actif de chaque solidaire, c'est-à-dire l'incalculable. — Notons encore que la Banque n'admet que les signatures hors ligne, première catégorie.

En outre de son portefeuille, la Banque a des *valeurs diverses* de premier mérite, lesquelles encore, cautionnent ses billets sortis, de sorte que le nantissement, pris au degré le plus faible, est toujours supérieur au *quantum* de l'émission.

Mais on répond : « Cela n'est pas de l'immédiat, cela rentre fractionné, cela enfin n'est pas sous la main...

Cela est vrai, mais ce qui l'est aussi, c'est que cela rentre à temps fixe, échelonné chaque jour, cela est une rotation de 45 jours seulement. — Cela vous suffit.

Une fois cette concordance réglée, le corrélatif déterminé, le portefeuille de la Banque gonflerait beaucoup plus

D'un autre côté, son émission augmenterait proportionnellement et le métal interviendrait sans éprouver de dépréciation.

C'est donc au portefeuille qu'il importe de s'attacher, se fixer. En définitive, le portefeuille et l'encaisse, l'encaisse et le portefeuille, garantissent le service du remboursement à vue.

Les Échéances. — 90 Jours. — Trois Signatures.

Les cautions par association, mutualité, solidarité, doivent compter pour trois signatures.

Ces points que l'on considère comme accessoires, ont pour nous une grande importance. — A leur égard la Banque est encore restée stationnaire.

A son principe, l'échéance du billet présenté à son portefeuile, a été de 90 jours. C'est encore la règle. — En 1800, trois signatures devaient cautionner le billet, et les trois signatures sont encore exigées sans qu'il y ait exception.

Ceci nous paraît trop sévère et n'est plus en rapport avec notre époque, avec le développement de nos affaires, la consolidation de nos richesses sociales.

En 1800 tout était nouveau, inconnu pour la Banque, et cela justifie les mesures extrêmes de prudence, adoptées par ses fondateurs.

Voyons les progrès rapides faits par la Banque.

De 1800 à 1833, la moyenne des opérations est de 602 millions.

En 1850	les affaires s'élèvent à	1,470,000
— 1857	—	6,065,000
— 1862	—	7,800,000

Cette progression si rapide, date de l'époque de la multiplicité des succursales. Elle indique tout ce qu'il y a à gagner au développement rationnel.

Il est permis de dire que ces prescriptions primordiales

sont surannées, qu'elles sont de nature à gêner, à restreindre. — On ne saurait se dissimuler que pour y satisfaire, il faut remplir des conditions que l'on paie fort cher. — En effet, cela crée des offices d'intermédiaires pour la signature. Et pour l'échéance dépassant 90 jours, cela fait remiser en portefeuille des valeurs très-bonnes, dont la négociation serait d'un grand aide.

Il importe de constater ici, que dans la masse des escomptes faits par la Banque, la moyenne des échéances ressort à 45 *jours* seulement. D'où nous concluons que si la Banque admettait pour limite le terme de 4 mois, 120 jours, la moyenne serait de 60 jours.

Il arrive quelquefois que les banquiers intermédiaires acceptent une valeur à 4 mois, mais alors ils la frappent d'une surtaxe excessive, c'est cela que la Banque pourrait éviter.

Nous insistons moins sur l'abaissement des 3 signatures à 2, nous comprenons le principe de solidarité sur lequel se fonde la Banque, elle doit être impérissable. Elle ne saurait multiplier à l'infini ses comptes ouverts.

Il faut des collecteurs.

Ici il est un HORIZON qui se découvre et qui apparaît grand, très-lumineux. — C'est l'esprit de l'*association*, de *mutualité* par *collectivité*, *solidarité*. — C'est là quelque chose d'imposant et de respectable. — Il y a là du solide, du compacte. — Selon nous, ce principe qui constitue une force matérielle, morale, doit être pris en compte et faire office d'*une signature*. — Il doit aussi déterminer le délai de 4 mois, 120 jours.

Rien ne se présente de plus satisfaisant pour l'avenir, que le groupement par l'association, toute les fois que l'homme conserve sa liberté individuelle, et les encouragements de toute nature doivent lui être assurés.

Nous citerons rapidement les quelques germes qui se sont développés autour de nous, et qui forment déjà corps.

Dans quelques quartiers de Paris, principalement au faubourg

Saint-Antoine, considéré comme le foyer de la démagogie, des ouvriers se sont réunis pour former caisse mutuelle d'épargne et de commandite au travail. — Ils se consolident l'un par l'autre, lorsqu'il y a émission de billets, le fonds commun de garantie, cautionne, et tous risques disparaissent, cela ne date que de quelques mois et déjà cela a porté des fruits. Ce sont quelques *bons* qui ont donné l'impulsion, d'autres bons sont arrivés et ont été admis. De moins bons ont demandé à être sociétaires, et on les a admis avec indulgence en leur imposant les mesures d'ordre, de régularité, de moralité qui sont prescrites par l'association, et ils ont accepté, et ont tenu parole. C'est ainsi que des dettes anciennes ont été acquittées, que de mauvaises habitudes ont été réformées, etc., etc.

De moins bons encore se présentent, et ils sont ajournés jusqu'à ce qu'ils aient fait leurs preuves de réformés, d'éprouvés. — C'est en résumé, un cours de mœurs et d'amélioration sociale, c'est la conspiration pacifique contre les effets de la paresse, les provocations politiques.

Désormais les meneurs de partis ne sauront plus à qui s'adresser, tous les hommes seront laborieux, attachées à leur famille, au Gouvernement, car celui-ci les comprendra, les aidera.

Mais ce qui manque pour faciliter le développement de ces associations, ce n'est pas le bon sens, le bon vouloir, c'est l'*instruction*, l'intelligence développée. — On a peine à rencontrer des hommes bons conducteurs, quelques comptables, des secrétaires. Cette difficulté se surmontera; cependant elle prescrit pour l'avenir le développement de l'éducation, étendue, perfectionnée.

Il existe encore une société du *credit au travail*, instituée par un homme simple et de bon sens, M. Beluze. Il a su se faire comprendre par quelques hommes de la société, qui lui ont confié quelques fonds, et il a organisé une société à responsabilité limitée.

Il attire l'ouvrier avec son épargne hebdomadaire, mensuelle.

Il excite au groupement des efforts, à la divulgation des moyens.

Il facilite la possession de l'outillage en commun, et déjà il éprouve la satisfaction d'avoir formé dans tous les quartiers de la capitale, des associations d'ouvriers par industries. Il les rend solidaires, responsables. Il les moralise. Et avec une réserve minime, il sait parer aux éventualités.

Déjà, l'entreprise de M. Beluze a eu du retentissement dans les grandes villes de province, — et le *crédit au travail* forme des succursales, répand, propage ses bonnes maximes.

Citons encore, dans un ordre d'idées plus élevées, un homme également bien inspiré. M. *Bonnin* a organisé l'*union nationale* qui assure le *crédit mutuel*. Il procure l'escompte, et tous les risques sont couverts par le fonds commun, de la mutualité; de sorte que ces mots : *suspension de paiement*, *faillite*, qui souvent rendent la négociation isolée, difficile, impossible, disparaissent.

L'*union commerciale* se compose de commerçants industriels, qui ne font alliance qu'alors que les mesures de bonne position, d'honorabilité, ont eté constatées. — Ils se consolident par un mutuel appui.

Les chambres syndicales qui ont déjà si bien servi la cause du progrès, sont venues en aide au fondateur. M. Bonnin, de son côté, leur présente un domicile commun, il est leur intermédiaire. C'est par la mutualité, la réciprocité des services, que les corps se consolident, se communiquent et s'éclairent.

Tout cela est bien, cela est bon, cela promet beaucoup, mais cela a besoin d'être compris, et pour se faire comprendre il faut être écouté, pour prospérer il faut atteindre les premiers degrés.

Or, pour ces institution naissantes et déjà fortes, le premier degré c'est la *Banque de France*. — Eh bien celle-ci leur est interdite par la rigueur de ses statuts. De plus, et par l'attitude qu'elle a prise depuis septembre 63, elle est venue les arrêter, leur causer préjudice.

Et ceux qui connaissent les conséquences fatales que produisent les surélévations du taux, le comprendront. — L'intérêt à 7 à la Banque, porte chez les banquiers de 1er, 2me, 3me et 4me ordre, le taux de leurs opérations à 10, 12, 15 et 17 %, avec les différentes, commissions, primes, etc., etc., pour beaucoup, *la possibilité d'escompter est interdite*, c'est la, l'usure organisée.

Nous ne saurions trop le faire comprendre et sentir, cette latitude accordée à la Banque d'élever arbitrairement le taux de l'escompte, est funeste, fatale. — Elle compromet les positions faites, et plus encore, elle arrête tout ce qui demande à être aidé, soulagé... Ce qui naît.

Nous prenons particulièrement à parti et à cœur, la position, l'avenir de ces entreprises qui sont appelées à un si brillant avenir. — Elles sont bien le berceau des belles libertés, de la concurrence loyale, honnête et stimulante.

Avec un appui direct, le principe de *solidarite*, de *mutualité*, s'étendra à toutes les professions, à tous les efforts et cet *appui direct*, nous voulons le présenter, l'assurer par notre RÉFORME FINANCIÈRE obtenue par la ligue.

On admet, on légitime les gros bénéfices, alors que l'on court des risques pour les réaliser. Mais quand un établissement se place à l'abri de toutes pertes, alors qu'il s'est assuré toutes les immunités, des résultats de 20 à 25 %, ressemblent à des *capitations*.

Le grand mérite d'une Banque, sa belle science, c'est de savoir imprimer une large et sûre direction au capital qui existe dans le pays, lui ouvrir toutes les voies des circulations, des profits.

Or la Banque ne sait pas s'y prendre, elle ne fait rien pour cela. — Encore une fois elle est de 1800, elle a trop vécu, elle

ne saurait aller à 1897. — Aveugles et imprudents sont ceux qui lui ont donné ce brevet de longévité.

Il y a encore 25 à 30 millions de Français qui ne participent pas au bienfait du billet de banque, ni aux avantages des opérations de la Banque.

La France regorge d'argent, de richesse, rien ne le prouve plus éloquemment que le résultat de l'emprunt de janvier couvert 15 fois. — Même en faisant une large part à l'exagération, à la spéculation il reste encore *cinq* pour *un*, c'est bien, c'est rassurant, c'est glorieux pour le chef de l'État. – mais alors pourquoi ces crises financières, ces secousses, ces défiances qui ne disparaissent pas, qui s'apaisent pour reprendre avec frénésies? « Le pourquoi le voici. *C'est parce qu'il y a absence de capacité de principes exacts*, nous ne voulons pas dire de probité.

Dans un avenir prochain nous saurons présenter :

Capital capacité, probité, protection, nous ne craindrons pas de nous faire les *émancipateurs* de tous hommes travailleurs, animés de la noble ambition de s'élever. Et cela vaudra mieux que de vider nos caisses, faire la rareté du numéraire au profit de *quelques-uns*, qui pour 1/8, 1/4, 1/2 °/., prêtent leur signature à l'étranger, lui vendent nos trésors, en privant nos travailleurs.

Avec notre système, nous aurons toujours une bonne POLITIQUE et la France sera toujours HAUT PLACÉE (1).

---

(1) Il nous arrive assez à temps, pour que nous le placions ici en note, un renseignement précieux sur les conséquences à venir de ces associations ouvrières, industrielles :

C'est que elles vont donner un grand développement aux Sociétés de Secours Mutuels en les concordant avec leur esprit d'association. — Elles en augmenteront considérablement le bon effet.

Il en sera de même pour les petites épargnes que la famille confie aux Caisses d'Épargnes et qui profitent si peu. Désormais toutes les économies convergeront vers les efforts au travail, à la production. Et le bien-être de la famille en sera sensiblement accru.

CHAPITRE III.

L'AGRICULTURE.

Quelle est sa place à la Banque actuelle?

Notre agriculture, cette mère nourricière, elle qui est la source de tout, n'a ni sa place ni sa part à la *Banque de France.*

Elle nous nourrit, nous habille, nous anime, et nous lui refusons le plus précieux des éléments, le *capital,* le *crédit*.... Nous lui refusons l'*organisation*, l'*instruction*.

C'est cependant elle qui nous donne cette vaillante armée. C'est son sang qui assure ces conquêtes lointaines et meurtrières que notre vanité nous porte à conquérir, alors que nos champs manquent de bras, sont stériles.

C'est encore cette agriculture qui nous a donné l'Empire et qui lui assure cette majorité à laquelle on tient tant. — Elle ne comprend pas moins de 26 millions de cœurs honnêtes.

On lui accorde quelques belles paroles dans les programmes aux jours d'apparât. — Et voilà tout.

L'agriculture n'est fortifiée par aucune institution de crédit se ralliant à elle, s'y attachant : tout à son égard est *simulacre*, *dérisoire*. — LE CRÉDIT AGRICOLE est une mystification...

Il existe à Paris une SOCIÉTÉ IMPÉRIALE ET CENTRALE DE L'AGRICULTURE DE FRANCE. — C'est un nom pompeux. — C'est une pépinière aux résultats négatifs. — Les hommes qui la composent sont honorables, mais au sang refroidi, à l'esprit égoïste. Ils aiment à suivre le pouvoir, et ils se donnent bien garde de le stimuler.

Nous les connaissons à fond, — nous avons cherché à les détourner quelque peu de leurs travaux superficiels, de leur marche routinière, afin de les fixer sur les grands faits à accomplir par les conquêtes nouvelles. Nous n'avons pu en rien obtenir. Il nous a fallu retirer nos ouvertures.

Nous avons entendu un auditeur habituel de ces réunions, dire en sortant à un pauvre savant et travailleur qui venait d'y lire un mémoire important et qui attendait un rapport. « La Société Impériale et centrale d'agriculture de France ENTERRE TOUT : Rien ne sort d'elle Elle enterrerait la pierre philosophale si on la lui présentait... » Très exacte et malheureuse appréciation.

Nous espérons avoir plus de chances, en prenant ces honorables membres isolément.

L'Agriculture n'est pas plus heureusement représentée au Ministère, qui se pare de son nom. — S. E., M. le Ministre, n'est ni agronome, ni agriculteur. — Elle ne trouve là qu'une *division* dont le chef est bien un homme intelligent, capable, ayant des connaissances spéciales, mais blasé, fatigué de la corvée qu'il remplit. Aimant les congés, les vacances, grand donneur d'eau bénite de cour, jaloux des efforts isolés de ce qui provient de l'initiative privée.

Le courant, l'indispensable, voilà ce qui se fait. On sacrifie tout au Concours, aux récompenses honorifiques. C'est bien quelque chose, mais c'est le côté le plus petit, le plus superficiel.

Tout est à créer, constituer dans nos campagnes. Et cependant le capital y est abondant. — Mais il manque de direction, d'attraction.

Les communes ont des biens, des terrains qui ne rendent pas.

On a fait grand bruit de quelques mesures ayant pour objet de reboiser les montagnes dénudées, d'assainir les plaines marécageuses, etc., etc., mais cela ne produit pas la *centième partie* de ce qu'il faudrait, toujours par les mêmes motifs, — on parle de syndycat, etc., etc., mais ces conceptions n'ont pas de point de ralliement, pas de concours, ce sont des corps sans âme.

L'outillage en commun à la commune, par le commun rendrait de grands services. Les instruments aratoires font défaut et il n'est pas utile que chacun les possède. — L'association serait là d'un grand effet. Nous l'avons indiqué à ladite société qui s'est bouché les oreilles. — Eh bien voici qu'un homme vertueux et isolé nous donne cet exemple.

M. *Guyard*, homme de lettres et de cœur, a entrepris à lui seul de faire de sa commune natale une *commune modèle émancipée*. — Il l'a dotée d'écoles, de maison d'asile, de caisses de secours. Et à la tête de ce bienfait, il a placé le *matériel agricole*, il a envoyé à sa commune sur les premiers fonds disponibles, *quatre* instruments aratoires les plus utiles, les plus appropriables à la communauté. Honneur à M. Guyard, qui comprend si bien les besoins, les aspirations et qui sait se faire entendre et seconder par ceux près desquels il parvient.

Heureux les habitants de *Froley* qui ont su trouver un aussi bon protecteur.

Nous avons placé dans notre grand ouvrage, déjà rappelé, tout ce qu'il y avait à dire concernant les besoins de l'agriculture et sur la manière de s'y prendre. — Nous nous bornons ici à rappeler qu'elle occupe les trois quarts de la population, qu'elle ne produit pas ce qu'elle pourrait donner avec de l'appui, — que les disettes fréquentes, les chertés excessives proviennent de cela.

Cependant l'agriculture a une production annuelle de 10 milliards, son matériel d'exploitation, tout imparfait, incomplet qu'il est, représente 8 à 10 milliards. — Ensemble, 20 milliards immobilisés. — A combien estimer le sol? Ce sont là des ressources les plus *immenses*, Et cependant elles gissent au milieu de l'obscurité, de l'abandon.

Aussi voulons nous apporter un terme à cela.

Nous accordons une large place, une belle part à l'agriculture dans notre *Banque de France reconstituée.*

Sa nature, son mouvement, ses besoins, ses habitudes, ne sont pas à confondre avec les affaires, le Commerce, l'Industrie, et on ne doit pas les jeter dans le même tourbillon. Ici la distinction est un devoir. Nous constituerons pour elle une division qui sera accessible à toutes opérations agricoles et relatives au sol.

Ce que nous croyons particulièrement utile à introduire dans l'agriculture, ce qui est praticable, et ce que nous avons déjà porté devant l'Assemblée Législative, malheureusement sans l'appui du Gouvernement. — C'est le prêt du capital, sur nantissement, d'objets de récoltes et mobilier, restant sur les lieux sans qu'il fut utile de les déplacer. — Le blé, cette céréale si précieuse, qui entre pour 2 à 3 milliards et qui pourrait être augmentée de 1/3 se prête merveilleusement à cette opération. — Eh bien nous avons demandé à la Société précitée, son concours, son initiative, pour surmonter plus facilement les obstacles... Et nous avons été *enterré...* mais là seulement, et nous respirons encore.

Ensuite, il serait facile de faire admettre parmi les cultivateurs le système de *solidarité* pour l'escompte des billets, valeurs négociables. — Il suffit pour cela, de faire la retenue de 2 °/ₒ sur chaque opération, avec laquelle retenue on forme une réserve au service des risques. — Et ces risques sont appréciés au plus à 1/2 1 °/ₒ. Après une période soit de 6 de mois, soit de un an, on liquide ce compte et on attribue à chaque contractant sa part rétributive et on lui rend le net. — Ceci conduit à obtenir des caisses de service d'escompte, une intervention très-douce puisqu'elles sont exonérées des risques.

Il faut pour que ce service soit bien organisé, une *caisse d'escompte* ou *comptoir agricole* dans chaque canton... Et il n'en existe pas un.

Voici 5 ans que le crédit agricole a été créé par privilége pour aider l'agriculture. — Et il n'a rien fait pour elle. Nous faisons erreur, il a fait quelque chose de positif. « Il a trompé ceux » qui l'ont instistué, ceux pour lesquels il a été créé. Il a dérobé » au pays cinq années précieuses. C'est trop » C'est aussi la faute à nos députés représentants des campagnes qui savent tout cela et qui l'endurent — C'est aussi la faute aux campagnards électeurs, qui se laissent éblouir par des paroles, et qui donnent leurs voix à des hommes qui une fois à la Chambre oublient ce gros intérêt. — Ils ont à peine le soin de rappeler l'agriculture une ou deux fois par session, mais en passant et à la course. — Ils ne provoquent ni initiative, ni dévelopement. — Ils ne récidivent pas... C'est vraiment trop peu.

Nos cultivateurs ont à faire leur éducation sur tous ces points: *Banque*, *Crédit*, *Capital*..... Ils leur sont encore étrangers. Ceux qui ont des épargnes ne savent pas en tirer profit, ceux qui ont besoin d'emprunter, le font mal et à la dérobée, ce qui les expose aux conséquences de l'usure.

Il importe de présenter aux possesseurs du capital un emploi très-honorable, dans et par l'agriculture.

Il importe de déterminer l'homme gêné à se mettre à découvert, pour emprunter dans de bonnes conditions.

C'est en multipliant les banques de dépôt et d'escompte, que l'on arrivera à ces résultats.

Il faut à l'agriculture des termes longs, c'est pourquoi elle réclame une *spécialité*, tout en se rattachant à la banque d'émission. — C'est ce qui sera facile à déterminer.

Quelques économistes, protecteurs de l'agriculture ont pensé qu'il serait très à propos d'assimiler l'agriculteur au négociant; selon eux, cette mesure rendrait les prêts, les négociations plus faciles.

Cette prétendue amélioration de la position de l'homme des champs, consisterait à le placer sous le coup de la contrainte par corps.

Nous repoussons ce système, auquel nous prédisons un résultat tout opposé. Laissons à l'agriculteur sa belle nature, sa légitime exception, et souhaitons que cette sauvegarde, que l'on invoque, disparaisse du Code de Commerce. C'est un vieil et barbare usage que les bons exprits condamnent.

CHAPITRE IV.

EN RÉSUMÉ...

Adieu... vieille Banque...

A l'égard du terrain de la finance, la Banque de France est une vieille tour de la vieille féodalité, gouvernée aristocratiquement, exerçant capitations.

Elle commande sur toute la ligne... on ne saurait la tourner.

Que les hommes du progrès et comprenant bien notre époque ne s'y trompent pas.

Elle est garnie d'un matériel des temps reculés. — De notre côté nos idées, nos sentiments peuvent se traduire en des projectiles de guerre les plus perfectionnés, les plus puissants. — Nous avons nos canons rayés à longue portée. — Nos vaisseaux cuirassés, une vaillante armée, sachons réunir tout cela en un seul faisceau. Faisons le siége de la vieille tour crevassée, minée... attaquons-la par terre, par mer, et nous en aurons bientôt raison.

Nous lui enverrions dix fois plus de mémoires, de brochures, de malédictions, etc., etc., qu'elle continuerait à se moquer de nous. Elle sait que notre faiblesse est dans l'isolement et que cet isolement est un effet de nos vanités, de notre amour-propre, de notre égoïsme.

Encore une fois, rallions-nous, formons *confédération*...

En son principe, une *banque à émission* est le *suprême*, le *sublime*. C'est la puissance, la force bien ou mal dirigées. — Rien ne peut venir qu'après elle, et rien ne peut échapper à son ascendant bon ou mauvais.

Notre Banque est sur la mauvaise face... il nous faut la retourner, la poser sur la bonne et belle face...

La dissolution, la liquidation de cette banque, apparaissent à beaucoup comme quelque chose de terrifiant, d'à jamais possible à atteindre...

C'est une faiblesse de l'imagination, une erreur regrettable... car ce cas est prévu, il est tout naturel. — *Rien n'est à perpétuité,* — tout a une limite. C'est là, seulement là qu'est la condition du mieux, du meilleur,

Tout est perfectible, EXCEPTÉ LA BANQUE.

La liquidation de la Banque vieille. — La constitution de la Banque neuve, sont deux faits qui s'accompliront et se succéderont sans secousses, sans intermittence et le plus naturellement. — Cela même est commandé par toutes les raisons.

La Banque renferme un mystère qu'il importe de pénétrer. — Il s'agit de savoir combien de ses billets sont *aliénés, éteints.*

La liquidation de ces 7 à 800 millions de papier échangeables, sera un fait instructif. Nous affirmons que le résultat donnera un *boni,* du *quart,* peut-être du *tiers.* Et nous trouvons dans ce résultat, compensation au chiffre d'indemnité par expropriation à appliquer à cette acquisition du monopole, pour cause d'utilité publique.

Nous portons au plus haut à 1000 par action, cette indemnité, soit ensemble environ *deux cents* millions, c'est-à-dire le double du capital nominal.

Ce sacrifice, résultant d'une imprudente prorogation, se trouvera aliéné, sinon effacé par la balance du compte billet (après un délai déterminé, tous billets non présentés à la conversion, seront considérés comme n'existant pas.)

Les ressources immenses que présentera cette liquidation, donneront à la Banque jeune et liquidatrice, des appuis immenses pour quelques années.

Les règles nouvelles, les améliorations communiqueront aux

autres établissements financiers des différents degrés qui suivent le progrès les bonnes conditions qui s'étendront à tout et à tous.

C'est là, c'est-à-dire après la *Banque suzeraine*, que se placent la *liberté*, la *concurrence*, que des esprits trop zélés ont cherché à placer au niveau de la Reine. — Laquelle ne doit jamais se laisser dépasser parce qu'elle sait être en même temps et la plus opulente et la plus modérée.

Le capital de la Banque se trouve disponible puisqu'il est représenté par des titres de rente sur le Grand-Livre. Ces titres fractionnés remplaceront les titres-actions. - Donc, de ce chef, aucune perturbation n'est à craindre.

Ce qui résultera de l'indemnité accordée sera supporté par le Grand-Livre. De ce chef encore, rien n'est plus simple. — La richesse publique trouvera *cent fois*, *mille fois*, compensation à ce sacrifice.

Cette liquidation serait préparée de longue main, — 1 an au moins, 2 au plus. — Le personnel y serait dressé, tout irait bien. — Le Conseil supérieur et d'administration pourrait lui-même se sentir rajeuni, rafraîchi, il secouerait sa poussière aristocratique et dorée, il élargirait ses idées et insensiblement se préparerait à se fusionner avec la DÉMOCRATIE qui prédominera dans le conseil nouveau.

Rien donc n'est à redouter en cette grande épreuve ; tout est à gagner.

A l'égard des finances, la France est trop accoutumée à se placer à la remorque des autres Nations, — l'*Angleterre*, l'*Amérique* notamment. — En cela comme en tout, elle est supérieure. Elle ne doit donc pas craindre de prendre chez elle l'initiative d'une réforme la plus généreuse, la plus désirée.

En tous les pays, le régime financier est *vicieux*, *caduc*, *usé*...

C'est aussi de ces pays aux libertés tant vantées que nous arrivent les crises financières, les calamités. Nous ne saurions trop appuyer sur ce fait incontestable, reconnu.

Mais la France sait faire beaucoup moins avec beaucoup plus. C'est là son faible. Le moyen pour elle de se rendre forte et supérieure, c'est de savoir mettre au jour toutes les richesses, les accroître encore par un emploi sage, basé sur le fond solide et non sur les brouillards.

Le sol, la terre, se présente comme la partie la plus solide, et comme la plus nécessiteuse. Aussi la Banque doit couvrir tout le sol. Déjà nous l'avons dit, il y a là tout une réforme à opérer, une éducation à faire. — Eh. bien, pour que nos enfants apprennent à lire, deviennent religieux, il nous a fallu ouvrir des écoles, former des professeurs. Nous demandons avec autant de raison que, pour former nos hommes des champs à l'éducation financière, on leur présente des institutions ouvertes, des finances réalisées. — Et alors ils en auront bientôt appris le chemin, ils sauront apprécier le service, ils en useront largement, sans abuser jamais.

Nous insistons sur ce point parce que c'est le sentiment qui nous attache à l'agriculture, qui nous à conduit jusqu'à la *Banque de France*.. Il y a pour la Banque à venir beaucoup plus à faire avec le sol, l'agriculture et ses aspirations vers l'industrie spéciale, qu'avec le commerce, les industries, les manufactures réunies. — Répétons-le, il y a la production à doubler, la consommation à rendre plus forte, plus accessible par les bas prix, la santé à reconstituer, le bien-être à repandre, une exportation considérable et permanente à assurer.

Et qu'a-t'on placé en face de cela? *une espèce de Banque* qui a nom de *crédit agricole* qui a à peine *quatre millions*, plus un gros état-major, — et de l'orgueil.

Ce crédit usurpateur d'un nom superbe est un simple banquier... Redisons-le, c'est un simulacre dérisoire.

En vérité cela est trop triste, trop pitoyable pour que cela se continue. Et cependant nous entendrons dans quelques jours, un économiste, à réputation, un savant professseur au Conservatoire des Arts-et-Métiers, déclarer en séance à la Société impériale et centrale d'agriculture de France (rapportant contre nous) : «*Que le crédit agricole* est ce qu'il convient d'avoir, que « rien de mieux n'est à produire pour l'agriculture, que, avec le » temps, il établira un comptoir dans chaque arrondissement » bien que il n'en ait encore fondé aucun depuis 6 ans, etc., etc. » — Que la Banque de France seconde parfaitement cette » institution. »

Mais ce savant professeur, grand économiste, est l'un des heureux actionnaires et administrateur de ce crédit agricole qui recule devant son mandat rural, et qui fait la chasse aux affaires sur le pavé de la capitale, à la bourse.

Nous n'irons pas plus loin, nous ne prouverons pas davantage combien l'État a *peu fait* encore. Ce qu'il y a à faire de *beaucoup plus, beaucoup mieux*, ressort par tous les pores.

» Nous voulons tout assurer a l'agriculture.

Et en faisant intervenir la Banque directement, nous dégageons l'État des interventions toujours mesquines, insuffisantes, qui lui sont demandées par les communes, par les particuliers, par les syndicats « Désormais la Banque suffira à tout, s'étendra sur tout... Et le progrès marchera d'un pas rapide et assuré. »

CHAPITRE V.

A LA VRAIE BANQUE,

Salut et Hommage !

En conséquence de ce qui précède, nous présentons ce qui suit :

Il est constitué une Banque de France au droit *régalien.*

Sa forme sera Société anonyme par actions.

Durée du privilége, cinquante ans.

Capital nominal, cinq cents millions.

Capital réalisé, trois cents millions.

Représenté par cinq cents mille actions de 1000 dont 60 °/° versés et 40 °/° formant garantie.

Ces actions seront nominatives. Elles seront amortissables dans une proportion déterminée, — et la vente, cession, ne se fera que dans l'intérieur de l'administration, qui en déterminera le prix quand elle ne pourra amortir.

Ces actions donnent droit à un intérêt de 4 °/° par an.

La souscription de ces actions se fera publiquement en toute la France, comme pour l'emprunt national. — Les souscriptions les plus petites de 1 à 3 ne seront pas réduites.

La Banque est instituée pour les opérations FINANCIÈRES, COMMERCIALES, INDUSTRIELLES, MANUFACTURIÈRES d'une part.

Pour les besoins de l'AGRICULTURE, du SOL et des INDUSTRIES en ressortant d'autre part.

Nous formons deux séries d'opérations :

1° le département URBAIN.
2° le département RURAL.

Le CAPITAL de trois cents millions est partagé entre ces deux catégories qui forment deux départements, soit *cent cinquante* millions pour chaque.

La nature de chaque attribution, de chaque division est ainsi déterminée, sauf modifications, perfectionnements.

Département urbain.

La Banque émet ses billets sans aucune règle corrélative. Elle en base l'émission sur le mouvement même des opérations.

Elle admet le principe de *remboursement à présentation*.

Elle renonce à jamais invoquer le *cours forcé*, toujours inutile, seulement en cas de FORCE MAJEURE, et son encaisse épuisée, elle procédera par ordre de numéro ou d'inscription et à raison de ses rentrées à la conversion desdits billets ; étant toujours assurée de faire face en quelques jours aux nécessités de la demande.

Nous constatons ici pour l'intelligence de cette clause, que la Banque qui est créée pour alimenter le mouvement, les transactions, doit à son tour être toujours comprise par ce mouvement et trouver en lui confiance et FOI. — *La Banque donne la vie aux affaires. — Les affaires alimentent la Banque* — Il y a là *mutualité, solidarité*. — Ce qui n'a pas été compris encore.

La *Banque* ne peut pas plus liquider, tomber, que ne peut s'arrêter, s'éteindre le mouvement rotatif, successif des opérations.

Alors que cette vérité sera acceptée, accréditée, toutes crises, tous périls auront disparu.

« En résumé, la Banque de France est INFAILLIBLE, IMPÉRISSABLE.

CAPITAL. SON CAPITAL versé fait office de réserve et de fonds de roulement

Il s'accroît par des dépôts simples toujours exigibles et par des dépôts à échéances déterminées, et portant intérêt à 2 %.

LE TAUX. La Banque de France fixe à son libre arbitre, le taux de ses prêts dans les proportions de trois au plus bas, à *cinq* au plus haut.

En prenant à ses risques l'éventualité de cette limite, elle offre au pays une compensation au privilége qu'elle en reçoit.

TERME. Les billets et valeurs escomptables, seront acceptés à 120 jours, 4 mois.

SIGNATURES. Elles seront au nombre de trois.

EXCEPTION. Tous billets titres, valeurs provenant de corporations, associations qui présenteront le caractère de mutualité, solidarité les plus exactes, seront admis à deux signatures. Il en sera de même pour tous titres représentant une consignation, un nantissement

BILLETS. Les billets nouveaux que la Banque émet en circulation seront de 5,000, 1,000, 500, 200, 100, 50, 25.

ÉTABLISSEMENT. La Banque centrale, celle de ralliement est à Paris. Elle établit une succursale au moins dans chaque département, et autant qu'elle le croit utile, dans les arrondissements, cantons.

Ces succursales pourront se rattacher à un système de divisions ou classification dans quelques centres où contrées, si cela était reconnu plus facile pour le service et la bonne distribution, du bienfait que la Banque doit déverser dans tout le pays.

DÉPLACEMENTS. La Banque prend les valeurs sur toutes les places indistinctement et au taux fixé, seulement, elle ajoute une commission de 1/4 à 1 %.

Département rural. Agriculture. — Le sol.

Pour ce service, la Banque créera, si l'initiative privée ne le fait, dans une latitude étendue et suffisante, des COMPTOIRS AGRICOLES dans chaque canton, ville ou village, selon ce qu'elle croira utile, lesquels comptoirs, reléveront de succursale, Banque départementale. — Ce sera le système planétaire. — Par ce mécanisme, elle attirera à elle tout le capital libre qui existe dans les campagnes. — Et cette partie est considérable. — En le rénumérant et en le rendant à la production de la terre.

Ces comptoirs s'établiront le plus que possible, sur le principe de mutualité, solidarité, dont nous avons parlé en l'exposé.

CAPITAL. Le captial affecté à ce département sera de cent cinquante millions, il se grossira par dépôts simples et dépôts à 2 °/°.

TAUX ESCOMPTÉS. Les valeurs, papiers-billets souscrits, seront escomptés de 5 à 8 p. 100. Si l'escompté demande tout en numéraire, l'escompte sera réduit de 4 à 6 p 100, si l'escompté accepte.

2/3 66 66 en métal or ou argent.

1/3 33 34 en billet de banque.

Ensemble : 100

Dans ce cas, les billets de banque livrés à la circulation ne seront pas remboursables à vue; ils seront remis en paiement et remboursés facultativement, — de gré à gré.

Ces billets seront de mêmes coupures que les premiers. Ils porteront une marque distincte, par la couleur ou le papier.

TERME. Les billets à ordre seront acceptés à quatre mois : Ils seront payables à des domiciles à portée du comptoir. Ils seront acceptés à 6 mois, avec une augmentation de 1/2, — à un an avec une surcharge de 1 °/°.

SIGNATURE. Les signatures seront au nombre de trois pour les billets isolés, et au nombre de deux pour les valeurs cautionnées par association, solidarité, etc., etc.

EXTENSION. Le comptoir représentant la Banque, après autorisation se prêtera à tous escomptes, prêts, avances qui seront demandés, présentés soit par des particuliers simples, réunis en syndicats par la commune, et qui auront un objet déterminé et de nature à profiter à la production de la terre. — Soit achats d'instruments agricoles à exploiter en commun, soit biens communaux à mettre en bonne valeur, travaux de drainage, assainissements, défrichements, irrigations, reboisement, plantation, etc., etc.

La Banque entendant remplacer largement l'État en ses attaches et interventions, de même que les conseils généraux, donner enfin les latitudes les plus étendues.

Pour les prêts sur nantissement et sans déplacement, il sera accordé les plus grandes facilités.

Tels nous paraissent devoir être exposés sommairement et de prime-abord le caractère, le rôle de cette *banque* vraiment de France NATIONALE DÉMOCRATIQUE.

En résumé nous croyons que cette question est d'une importance la plus extrême, qu'elle mérite l'examen le plus réfléchi, le plus étendu, et que ce n'est pas seulement au CONSEIL D'ÉTAT qu'elle doit être étudiée, confiée.

Nous demandons qu'elle soit portée devant la Nation — CORAM POPULO — lesquels ont leurs organes en leurs représentants à plusieurs degrés. Savoir : MM. les Députés, Conseillers-Généraux, Chambre de Commerce, Prud'hommes, Tribunaux de commerce, Sociétés d'agriculture de comices, etc., etc. La question ainsi présentée, sera largement, sûrement résolue. — « ET LA LUMIÈRE SE FERA PARTOUT... CAR LA NATION ENTIÈRE SERA » UNIE PAR DES LIENS ÉTROITS. »

En présentant cette combinaison, je ne viens pas condamner celle que j'ai formulée il y a quatre mois, au contraire, je la trouve préférable, meilleure, car elle est basée sur le *distinctif*, et celle-ci admet encore la *confusion*, mais elle satisfait à la condition de *remboursable à vue*, encore considérée comme indispensable au crédit du billet.

20 Février 1864

P. GOSSST.

CHAPITRE VI.

Quel est donc ce Ligueur?

Les réformateurs, les novateurs de tous les temps, ont été des ligueurs. Ceux qui ont civilisé, éclairé, ont souffert, ils ont été persécutés... leur plus grande vertu a été la PERSÉVÉRANCE.

Le grand patriote Irlandais, *Daniel O'Connel*, a formé une ligue, il a noblement servi son pays, qui a su le comprendre, le soutenir... La mort prématurée est venue l'arrêter.

Le grand citoyen Anglais *Cobden*, est le ligueur heureux et hardi de notre époque. — Il a su introduire sa ligue jusque dans les sphères élevées de notre pays... Ses idées y règnent à ce point, que l'opinion publique a été devancée... réjouissons-nous-en avec nos députés... Cela nous permet d'espérer que notre ligue ne sera trouvée ni téméraire, ni prématurée. et que elle s'étendra sans rencontrer d'entraves.

Plaçons ici notre témoignage d'estime et d'admiration pour le ligueur moderne, notre illustre compatriote Ferdinand de Lesseps qui a su méditer, qui sait lutter, qui saura triompher.

Le triomphe d'une Ligue, au caractère, à l'esprit de celle-ci, est assuré... Mais il arrive plus ou moins vite, il exige des efforts multipliés des sacrifices de toutes natures.

L'isolement énerve les plus vigoureuses constitutions, malheur à un pays qui répondrait par le silence, l'abstention à un appel aussi caractérisé. Ce serait avouer la décadence morale, l'affaissement social.

La France est supérieure, toujours généreuse, nous ne saurions redouter une déception si cruelle.

La Banque de France est bien, après l'État, l'institution la plus forte, la grande puissance. — Et alors que je viens demander sa déchéance, je commets un acte ou de grosse folie, ou de grand bon sens, de haute sagesse.

Ceux qui m'auront lu apprécieront.

J'ai besoin de leur dire cependant, que je ne suis rien... moins que rien... J'ai été, je veux redevenir... *C'est là mon secret, toute ma force.*

Je ne dois plus avoir de secrets.

Un poëte grec, *Aristophane*, a dit :

« Sans la pauvreté, les hommes seraient perdus.
» Elle dispense aux mortels talents, force, vertus,
» Elle rend l'homme actif, utile, sémillant,
» Léger comme une guêpe, intrépide, vaillant.

Un esprit supérieur, notre auguste Empereur, rappelait il y a quelques jours à toute l'Europe que : « Élevé aux dures épreuves de l'adversité, » il s'était formé aux leçons qu'elles donnent. »

Eh bien tout ce que je produis ici, sort de là : *Pauvreté, dures épreuves.*

Atteint tout à coup, frappé durement, brutalement par la fortune. J'ai accepté, j'ai souffert... Je ne me suis pas résigné, je n'ai pas cessé d'espérer... J'ai juré de mettre à profit l'étude de l'économie sociale, domestique, commencée en des temps heureux, et d'appliquer mes travaux, mes observations à me relever tout en me rendant utile à mon pays et en soulageant mes semblables.— J'avoue qu'au début de ce plan de campagne je n'étais pas à la Banque. J'étais modestement au pain au blé... au moulin, à la boulangerie...— La dureté du capital, son éloignement pour ce qui est utile, m'ont successivement conduit si haut. — J'y suis, je ferai tout pour m'y maintenir.

Je ne suis ni téméraire, ni ambitieux... mais bien *pénétré*, je m'appuie sur la pauvreté, l'expérience. J'ai connu la belle réputation commerciale, l'aisance sinon la richesse. Je veux conquérir la qualité d'homme de bien, de réformateur.

J'apporte en ce débat 17 années de travaux, de luttes (1847-48), des sommes considérables enfouies, mon honneur à dégager. J'ai deux familles inquiètes à rassurer, des amis à rapprocher, une compagne noble, digne, modèle d'abnégation à récompenser. Ce sont là des stimulants

Je ne sais ce que je serais si la fortune ne m'avait été contraire.

Je la remercie, puisqu'en m'accablant elle m'a placé sur la voie des grands sentiments, de la plus belle solution.

Je remercie la Providence de ne m'avoir pas laissé me décourager par tant de déceptions, par la connaissance profonde de l'esprit et du cœur humain.

J'arrive à la fois aux deux extrêmes. — *Au fait de la conception, à l'épuisement de mes ressources.*

J'attends tout du résultat de cet appel à l'*union* qui est la *force*.

J'aurais besoin de répandre à *cinquante mille* le nombre des exemplaires de cette brochure que je fais au raccourci... J'ai de la peine à en faire faire *cinq* cents. J'en destine la moitié aux représentants. — Il me faudrait *cent mille* francs pour les frais de propagande à étendre cette

ligue à toute la France urbaine, rurale, et je n'ai rien à accorder à ce chapitre, si ce n'est la *foi* qui sauve, l'*espérance* qui soutient.

Il me manque encore cette habileté, la souplesse qui assurent le succès des grandes hardiesses. J'ai donc besoin, et je crois pouvoir le dire, le *droit* de compter sur ceux qui me comprendront.

Je trouverai parmi eux des capitaines de la Ligue. Ils me prêteront leur domicile par attirer les souscriptions. Car nous ne pouvons employer que les moyens honorables, pour fortifier nos rangs, nous faire des prosélytes.

Nous accueillerons les cotisations les plus minimes avec autant de gratitude que les grosses... Nous rendrons compte de leur emploi.

Nous devons compter sur les sympathies de nos représentants, particulièrement ceux de la capitale. — La Presse de toutes opinions, et particulièrement celle de la *Démocratie* qui exerce une puissance grande et forte sur l'opinion publique, voudront nous seconder.

Nous devons trouver des *croyants* en masse dans les catégories des commerces et industries secondaires inférieures, car c'est parmi elles que nous répandrons le plus de bien.

En conduisant la réforme financière à son point *culminant*, nous la faisons descendre dans tous les degrés, parmi tous, et au profit de tous. Nous introduirons le bien être, l'ordre dans les plus petits ménages, nous aidons tous les travailleurs.

Nous sommes tout à l'esprit d'ordre de morale. — Nous conseillons la politique la plus consolidante, *celle d'intérieur*.—Nous sommes dévoués au Gouvernement, à l'Empereur. — Nous voulons l'affermir sur le trône,

Espérons que nous ne recontrerons pas sur la voie qui conduit la vérité jusqu'à lui ces *courtisans*, ces *pestiférés*, signalés courageusement par un honorable sénateur.

Et ces *cinq cents* millions de souscriptions que nous demandons ils nous seront offerts avec empressement par les fortunes modestes des villes, des campagnes qui verront là un placement honorable et sûr.

Nous ne promettons pas de résultat hors ligne, mais nous ne produirons ni la ruine, ni le scandale.

Nous nous appuyons sur la JUSTICE, le *droit*, la *raison*, et nous aurons l'UNION. Nous formerons la plus noble des PHALANGES.

» Pour moi j'aurai noblement accompli un grand devoir, une sainte mission...

PARIS, 1er MARS 1864

P. GOSSET.

130, faubourg Poissonnière.

CHAPITRE VII.

LETTRE

A S. E. Monsieur le Ministre des Finances.

Monsieur le Ministre,

Permettez-moi de penser et venir vous dire que vous ne seriez pas un grand financier, ni un grand Ministre, si vous n'accordiez pas une sérieuse attention au travail que j'ai l'honneur de vous adresser.

Toutefois ce n'est pas pour attirer sur lui votre attention ni votre bienveillance, que je le présente à Votre Excellence; le sentiment de l'opinion publique se chargera de cela.

Le but de cette lettre se réduit à une simple demande d'*affranchissement de droits de timbre* pour les nombreux exemplaires que j'ai à répendre dons toutes les parties de la France, afin de produire la propagande.

Les vrais amis de l'Empereur, les hommes dévoués au bien de leur pays, doivent prêter tout leur concours à ce qui peut divulguer les bons principes, faire pénétrer la vérité, la lumière. Vous le comprendrez, Monsieur le Ministre, et vous accéderez à ma demande.

J'ai l'honneur d'être, de Votre Excellence, le très-humble.

P. GOSSET.

Paris, le 1er Mars 1864.

CHAPITRE VIII.

LETTRE

A S. E. Monsieur le Ministre de l'Agriculture, du Commerce et des Travaux Publics.

Paris, le 1er Mars 1864.

Monsieur le Ministre,

Vos fréquentes communications au pays, témoignent que vous avez pris au sérieux le poste élevé que vous a confié l'Empereur.

Cependant, je suis obligé de déclarer ici, que vous n'avez pas accueilli en homme de progrès, les combinaisons de réforme que j'ai eu l'honneur de vous présenter en octobre dernier.

Mon ouvrage ne vous a pas plu à la première impression, ni pour la forme, ni pour le fond, et vous êtes resté sous l'influence de cette prévention, sans vouloir vous pénétrer de ce qu'au fond il a de *sérieux*, de *positif*.

Plus tard, vous m'avez refusé l'autorisation de m'adresser, sur votre recommandation, aux Chambres de commerce, Tribunaux de commerce, Prud'hommes, Conseils-Généraux, Sociétés et comices d'agriculture afin de recueillir leurs avis multipliés et variés, sur les mesures et modifications importantes que je présente dans un intérêt *agricole, commercial, industriel.*

Vous avez donné pour motifs de ce refus : « Que un comité » pris dans votre administration, avait jugé que mes combinai- » sons reposaient sur une *théorie impraticable.* » Je vous ai fait remarquer que, sans vous en apercevoir, vous m'aviez traduit devant un tribunal *occulte* alors que je demandais la *multiplication des appréciations* afin de tirer profit des variétés, des discordances, etc.

Et d'ailleurs, quel a été ce comité?

Je suis convaincu qu'il existe, dans votre administration, des hommes qui ne peuvent pas m'être favorables, qui redoutent mon caratère, ma persévérance à les *réveiller*, à *stimuler* le progrès les *bons sentiments*.

Et puis je vous ai demandé, je vous demande encore — *Qu'est-ce que l'impraticable?*

Et comme vous ne m'avez pas fait l'honneur de me répondre, je vous l'apprends.

L'*impraticable*, c'est, le plus souvent, une *taie* qui voile un œil, le plus beau, le mieux disposé à voir, et qu'une opération, simple, habile, rend très-clairvoyant en enlevant la taie.

C'est une toile d'araignée qui ternit les couleurs du plus bel éclat, lesquelles retrouvent toute leur fraîcheur, alors qu'un époussetoir a fait disparaître le tissu de l'insecte habile, mais obscurcissant. — Et il y a parmi nous, beaucoup de ces insectes et que l'on laisse trop en repos.

Mais à part cela, je maintiens qu'il n'y a rien dans mes exposés qui ne soit *praticable, saisissant de pratique.*

Et pour vous en convaincre, j'ai l'honneur de vous adresser un travail confirmatif du premier. Et je vous renouvelle la demande de pouvoir recueillir *officiellement* des corps cités, les avis les plus étendus, les plus motivés.

Vous ne sauriez décliner votre compétence, vous l'avez reconnue en me portant devant un Comité, le seul dont je dusse contester la validité.

J'attends de la bienveillance et du dévouement de votre Excellence, ce haut témoignage de justice.

J'ai l'honneur d'être, Monsieur le Ministre, votre très-humble,

P. GOSSET.

L'unité... est la règle qu'a adopté le Créateur.

Toutes les fois que les hommes ont introduit le principe de l'unité dans le mécanisme social, ils l'ont sensiblement amélioré... Pourquoi donc voyons-nous, entendons-nous à cette époque, beaucoup d'hommes se croyant du bon sens et les interprêtes du progrès, se déchaîner contre l'*unité* en matière de*Banque* au droit *régalien* et s'efforcer à lui substituer la *liberté libre*... Mais ils se gardent bien de la définir.

Encore une fois *Dieu nous a donné un seul soleil, et il luit pour tous*. Il échauffe, il anime tout, il suffit à tout... Que ne demandent-ils aussi, ces économistes, la *pluralité* des soleils.

Eh bien, le billet d'émission SEUL UNIQUE, c'est le soleil éclairant, animant le mouvement des affaires, et suffisant à toutes, hors de cela il n'y a que CATASTROPHES d'abord, puis ABSORPTION la plus écrasante...

Redisons-le en terminant...

La ligue de la réforme financière... ouvrira pacifiquement les issues aux saines et bonnes aspirations : Elle permettra aux majorités de vivre de corps et d'esprit, de travailler, sans être exploitées, rançonnées par quelques-uns. — Elle amènera les hommes à fraterniser, à se grouper, s'associer, se comprendre et s'aimer. Elle apportera enfin le *nécessaire des réformes économiques*.

Elle donnera un sage avertissement à cette aristocratie industrielle qui aspire impudemment à tout attirer à elle.

Elle conviera humblement les hommes du Gouvernement du Conseil-d'État à prendre plus au sérieux les légitimes intérêts des masses, et à ne pas se laisser dominer par la crainte d'inquiéter de froisser les quelques gros intérêts existants, en retenant les abus absorbants, en s'en tenant aux demi-mesures.

Elle arrêtera cette impulsion donnée aux primes, aux plus-values, aux fictions, aux fortunes colossales, subtiles et scandaleuses que caractérisait si à propos, il y quelques jours un prince libéral. — Elle arrêtera ces déceptions, ces ruines, autant nombreuses que fréquentes, causées par ces faux principes, ces abominables maximes, et de plus elle atteindra l'agriculture.

Et c'est par l'ascendant de nos représentants, que cela doit nous venir. Aussi, espérons-nous que *bourgeois*, *commerçants* et *travailleurs* qui bientôt seront appelés à nommer deux *députés*, tiendront à faire sanctionner par leurs élus, la légitimité de notre effort par notre LIGUE SAINTE.

TABLE DES MATIÈRES.

Imp. Dubuisson, Vve Guillois, faubourg St-Antoine, 159.

www.ingramcontent.com/pod-product-compliance
Ingram Content Group UK Ltd.
Pitfield, Milton Keynes, MK11 3LW, UK
UKHW020345250726
13967UKWH00005B/2128